高等学校应用型本科管理学

"十三五"规划教材

企业经营模拟实训
（ERP 沙盘）

主 编 李 宁

中国金融出版社

责任编辑：张　铁
责任校对：潘　洁
责任印制：张也男

图书在版编目（CIP）数据

企业经营模拟实训（ERP沙盘）（Qiye Jingying Moni Shixun：ERP Shapan）/
李宁主编．—北京：中国金融出版社，2018.6
高等学校应用型本科管理学"十三五"规划教材
ISBN 978 - 7 - 5049 - 9513 - 1

Ⅰ．①企…　Ⅱ．①李…　Ⅲ．①企业经营管理—计算机管理系统—高等学校
—教材　Ⅳ．①F270.7

中国版本图书馆 CIP 数据核字（2018）第 058715 号

出版
发行　**中国金融出版社**

社址　北京市丰台区益泽路 2 号
市场开发部　（010）63266347，63805472，63439533（传真）
网上书店　http://www.chinafph.com
　　　　　　（010）63286832，63365686（传真）
读者服务部　（010）66070833，62568380
邮编　100071
经销　新华书店
印刷　北京市松源印刷有限公司
尺寸　185 毫米 × 260 毫米
印张　12.5
字数　204 千
版次　2018 年 6 月第 1 版
印次　2018 年 6 月第 1 次印刷
定价　35.00 元
ISBN 978 - 7 - 5049 - 9513 - 1
如出现印装错误本社负责调换　联系电话（010）63263947

前　言

　　本书是哈尔滨金融学院管理系李宁老师在近十年从事高校大学生创新创业实训课程教学实践的基础上编写的一部企业管理实训课程授课教材,本书20余万字,紧密结合体验式教学的特点,将传统教材的内容体系融入实践教学的操作流程之中,以高等院校经济管理及有关专业的学科特色为设计重点,着力于培养学生的统筹规划思维能力和实践操作能力。

　　本书将企业经营管理、财务管理、市场营销、物流管理等专业知识与ERP思想理论相融合,以仿真的企业经营管理环境和运营操作流程为主线,设计角色扮演,让学生在制定战略、分析市场、组织生产、财务结算等一系列活动中体会企业经营运作的全过程,让学生深刻领悟ERP管理思想的核心与精髓,体验如何利用企业有限的资源进行科学的管理,提升专业知识水平,学会资源整合,进行自身管理意识的培养。

　　本书具有以下特点:

　　第一,教学形式新颖独特。在ERP沙盘模拟对抗演练课程中,仿真企业运营环境,培养学生充分利用教材进行自主学习、思考以及发现问题的能力,以一种自主性、引导性与实践性相结合的方式扩充并完善管理类各专业的知识体系,形成一套融情景教学、互动教学、自主学习、角色实训为一体的知识体系。

　　第二,知识体系的综合性。ERP沙盘模拟由于课程的独特性,其教材的编写涉及多个学科和知识领域的综合性知识,本书内容融合了企业战略管理、市场营销、物流管理、财务管理以及团队建设等相关领域的知识,是一套系统的、综合的实训演练教程。

　　第三,从专业实务操作出发,反向引导学生学习与掌握专业基础理论知识。本书内容以沙盘实践操作内容为切入点，通过引导学生对操作过程的掌握，让学生体会相关专业基础理论知识在企业运营实践中的应用，引导学生自主学习、查漏补缺，复习已学过的专业基础知识，加深对相关学科内容的理解。

第四，教材内容侧重于引导学生进行信息和资源的有效整合。通过对模拟过程的理论指导，本书将信息技术与经营管理技术相结合，以企业运营流程为主线，展开知识介绍。学生可对人、财、物等资源进行全面整合，实现物流、资金流和信息流的有效统一，以达到企业资源的最优配置。

2017 年 5 月

目　　录

第一章

企业战略管理概述

第一节 企业战略管理原理

一、企业战略管理的含义

企业战略管理是指企业在宏观层次通过分析、预测、规划、控制等手段，实现充分利用本企业的人、财、物等资源，以达到优化管理，提高经济效益的目的。企业战略管理是对企业战略的设计、选择、控制和实施，直至达到企业战略总目标的全过程。战略管理涉及企业发展的全局性、长远性的重大问题，诸如企业的经营方向、市场开拓、产品开发、科技发展、机制改革、组织机构改组、重大技术改造、筹资融资等。战略管理的决定权通常由总经理直接掌握。

战略管理是指对一个企业或组织在一定时期内全局的、长远的发展方向、目标、任务和政策，以及资源调配作出的决策和管理艺术。

战略管理包括战略制定/形成与战略实施两个部分。战略管理首先是一个"自上而下"的过程，这也就要求高级管理层具备相关的能力及素养。

二、企业战略管理的层次

（一）总体层战略

总体层战略又称企业战略，是公司最高层次的战略，是公司全体的战略总纲。

总体层战略的目的是确定企业将来一段时间的总体发展方向，协调企业内部的各单位和职能部门之间的关系，合理配置企业资源，培育企业核心才能，完成企业总体目标。它主要强调以下两个方面：

第一，"应该如何开展业务"，即从公司全局出发，依据内部环境的变化及企业的外部条件，确定企业的使命与义务、产品与市场范畴。

第二，"怎样合理管理业务"，即在企业不同的战略事业单位之间如何分配资源以及采取何种成长方向等，以完成公司全体的战略意图。

1

（二）业务层战略

业务层战略又称运营单位战略。各个业务部门提供的产品或服务不同，所面对的内部环境（特别是市场环境）不同，企业可以对各项业务提供的资源支持也不同，因此，各部门在参与运营进程中所采取的战略也不尽相同，各运营单位有必要制定指导本部门产品或服务运营活动的战略，即业务层战略。

业务层战略是企业战略业务单元在公司战略的指导下，运营管理某一特定的战略业务单元的战略方案，详细指导和管理运营单位的重大决策和行动方案，是企业的一种部分战略，也是公司战略的子战略，它处于战略构造体系中的第二层次。

（三）职能层战略

职能层战略主要回答某职能的相关部门如何卓有成效地开展工作的问题，重点是提高企业资源的利用效率，使企业资源的利用效率最大化。其内容比业务层战略更为详细、具体，其作用是使总体层战略与业务层战略的内容得到具体落实，并使各项职能之间协调一致，通常包括营销战略、人事战略、财务战略、生产战略、研发战略等方面。

简而言之，总体层战略倾向于总体价值取向，以抽象概念为基础，主要由企业高层管理者制定；业务层战略主要就本业务部门的某一具体业务进行战略规划，主要由业务部门领导层负责；职能层战略主要涉及具体执行和操作问题。

总体层战略、业务层战略与职能层战略一起构成了企业战略体系。在企业内部，企业战略管理各个层次之间是相互联系、相互配合的。企业每一层次的战略都为下一层次战略提供方向，并构成下一层次的战略环境；每层战略又为上一级战略目标的实现提供保障和支持。所以，企业要实现其总体战略目标，必须将三个层次的战略有效地结合起来。

三、企业战略管理的过程

（一）分类

一个规范的、全面的战略管理过程可大体分解为三个阶段：

1. 战略分析

战略分析是指对企业的战略环境进行分析、评价，并预测这些环境未来发展的趋势，以及这些趋势可能对企业造成的影响及影响方向。战略分析分为企业外部环境分析和企业内部环境或条件分析两部分。

企业外部环境一般包括下列因素或力量：政府—法律因素、经济因素、技术因素、社会因素以及企业所处行业中的竞争状况。

进行企业外部环境分析的目的是为了适时地寻找和发现有利于企业发展的机会，以及对企业来说所存在的威胁，做到"知彼"，以便在制定和选择战略中能够利用外部条件所提供的机会来避开对企业的威胁因素。

企业内部环境即是企业本身所具备的条件，也就是企业所具备的素质，它包括生产经营活动的各个方面，如生产、技术、市场营销、财务、研究与开发、员工情况、管理能力等。

进行企业内部环境分析的目的是为了发现企业所具备的优势或弱点，以便在制定和实施战略时能够扬长避短、发挥优势，有效地利用企业自身的各种资源。

2. 战略选择及评价

战略选择及评价过程实质是战略决策过程——对战略进行探索、制定以及选择。

一个跨行业经营的企业的战略选择应当解决两个基本战略问题：

一是企业的经营范围或战略经营领域，即规定企业从事生产经营活动的行业，明确企业的性质和所从事的事业，确定企业以什么样的产品或服务来满足哪一类顾客的需求；

二是企业在某一特定经营领域的竞争优势，即要确定企业提供的产品或服务，要在什么基础上取得超过竞争对手的优势。

3. 战略实施及控制

企业的战略方案确定后，必须通过具体化的实际行动才能实现战略及战略目标。一般来说可在三个方面推进战略的实施：

一是制定职能策略，如生产策略、研究与开发策略、市场营销策略、财务策略等。在这些职能策略中要能够体现出策略推出步骤、采取的措施和项目以及大体的时间安排等。

二是对企业的组织机构进行构建，以使构造出的机构能够适应所采取的战略，为战略实施提供一个有利的环境。

三是要使领导者的素质及能力与所执行的战略相匹配，即挑选合适的企业高层管理者来贯彻既定的战略方案。在战略的具体化和实施过程中，对实施过程进行控制，这就是说将经过信息反馈回来的实际成效与预定的战略目标进行比较，如二者有显著的偏差，就应当采取有效的措施进行纠正。如果原来分析不周、判断有误，或是环境发生了预想不到的变化而引起偏差，则应重新审视环境，制定新的战略方案，进行新一轮的战略管理过程。

（二）战略管理过程特点

第一，制定战略展望、建立目标体系、制定公司战略、实施和执行战略计划以及评价业绩，基本上勾画出了战略管理的任务。但实际上，并不会分得如此清晰，也并不一定严格按照这个顺序进行。在这五项任务中存在很多交叉影响和循环。例如，在考虑应该采取什么样的战略行动时往往会涉及另外两个问题：这些行动实施起来是不是有满意的结果？如何实施这些行动？对公司战略展望和组织使命的选择和制定也映射到公司目标的建立中（其中，这二者在公司发展方向方面都有着重要的意义）。目标体系的建立需要考虑当前的经营业绩、提升当前经营业绩的战略手段以及当公司面临挑战时公司实际所能获得的成绩。公司战略的选择和制定又同下列问题纠缠交织：公司的长期发展方向的选择，公司是否在所有关键的财务领域和战略领域建立了目标体系。显而易见，制定组织使命、建立公司目标体系和制定公司战略的公司发展方向选择任务要结合起来，作为一个整体来进行，而不能割裂开来。

第二，这五项战略管理任务的完成并不是同管理者的其他责任和职责分离开来的，如日常的经营管理、处理公司所面临的危机、参加管理会议、审查信息、处理人员方面的问题、承担特殊的任务和民事义务等。因此，从整个公司的成败这个角度来讲，对战略进行管理是至关重要的一项管理职能，但具体到公司中的每一个管理者来说，并不是所有的管理者都面临这个问题。

第三，战略的制定和实施需要管理者所付出的时间无定数。各种变化的发生是无序的、是不可预见的。各类事件的发生可能忽如一夜春风来，也可能润物细无声；它们的发生可能是独立的，也可能如机关枪连射是成一序列的；它们对战略的影响可能是易于估计的，也可能是很难的。因此，对公司战略计划的评价和调整，有时可能要花费大量的时间，而有时则片刻足矣。特别地，正如寻找战略变革的途径一样，权衡实施战略变革的时机也有诸多技巧。

第四，战略管理中一个持久的、耗时的方面是：使每个人取得对战略起支持性作用的业绩，作出最好的贡献，不断地改善当前战略的内容和执行效果，从而使当前的战略渐入佳境。管理者往往将他们绝大多数的精力花费在一点一滴地改善公司的战略上，而不是花费在对当前的战略进行根本的变化上。过多的变化往往搅乱公司的员工，对公司的顾客造成混乱，这通常是没有必要的。在大多数情况下，不断地改善当前战略的执行情况往往会有很多好的结果产生。持之以恒地改善一个优秀战略的实施和执行，通常是通向战略管理成功的道路。

第二节 企业战略的制定

一、确定企业宗旨和战略目标

（一）企业宗旨

企业宗旨是指企业管理者确定的企业生产经营的总目标、总方向、总特征和总的指导思想。它反映了企业管理者为组织将要经营的业务规定的价值观、信念和指导原则；描述了企业力图为自己树立的形象；揭示了本企业与同行其他企业在目标上的差异；界定了企业的主要产品和服务范围，以及企业试图满足的顾客基本需求。

企业宗旨的内容包括以下方面：

1. 企业愿景

愿景（Vision）是企业对其前景进行广泛的、综合的和前瞻性的设想，即企业要成为什么？这是企业为自己制定的长期为之奋斗的目标。它是用文字描绘的企业未来图景，使人们产生对未来的向往，从而使人们团结在这个伟大的理想之下，集中他们的力量和智慧来共同奋斗。愿景只描述对未来的展望，而不包括实现这些展望的具体途径和方法。

愿景不是一定能实现，只要有 50% ～ 70% 的可能性就可以了，关键是要能使大家认可，激励人们前进。愿景一般包括 10 ～ 30 年可见的目标，以及对这个目标实现时情景的生动描述。

2. 企业使命

企业使命（Mission）旨在阐述企业长期和未来所要从事的经营业务范围。

企业使命是企业生产经营的哲学定位，也就是经营观念。企业确定的使命为企业确立了一个经营的基本指导思想、原则、方向、经营哲学等，它不是企业具体的战略目标，或者是抽象地存在，不一定表述为文字，但影响经营者的决策和思维。这中间包含企业经营的哲学定位、价值观凸显以及企业的形象定位，企业使命的设立主要参考以下三个问题：

（1）顾客的需求

企业需要满足的需求是什么？仅仅知道企业所提供的产品和服务是远远不够的。顾客需要的不是产品和服务本身，而是产品或服务提供的功能，而这种功能能够满足他们的某种需求。没有需求或需要，也就没有业务可言。

（2）顾客

需要满足的对象是谁？企业定位的顾客群是什么？顾客群这个因素之所以重要，是因为其代表一个需要提供产品或服务的市场，即企业打算在哪些地理区域内展开竞争以及企业追逐的购买者类型。

（3）技术和活动

企业在满足目标市场时所采用的技术和开展的活动。这个因素表明企业是如何满足顾客需求的，以及企业所覆盖的活动是行业的生产—分销价值链的哪些部分。

3. 经营哲学

经营哲学是一个组织为其经营活动方式所确定的价值观、信念和行为准则，是企业文化的高度概括。经营哲学主要通过以下两个方面表现出来：

（1）企业提倡的共同价值观

国际商用机器公司（IBM）前董事长小 T. J. 华森论述了共同价值观的重要性。他说："我的论点是，首先，我坚信任何组织为了生存并获得成功，必须树立一套正确的信念，作为它们一切方针和行动的前提。其次，我相信一个公司成功的最主要因素是其成员忠诚地坚持那些信念。最后，我认为如果一个组织在不断变动的世界中遇到挑战，它必须在整个寿命期内随时准备变革它的一切，唯有信念却永远不变。"

（2）企业对利益相关者的态度

企业应该有效地反映企业内外部利益群体和个人的合理要求。企业内部利益群体包括企业的股东、董事会、管理人员和员工，企业的外部利益群体包括企业的顾客、供应商、销售商、竞争者、政府和一般公众等。这些利益群体希望企业能够按照他们满意的方式进行生产经营活动。例如，职工要求在经济收入、社会地位和心理状态上得到满足；股东要求从他们的投资中得到满意的回报；顾客要求购买到物美价廉、符合他们利益的商品；供应者希望客户能够长期使用他们的产品或服务；竞争者要求能够公平竞争；政府机构要求企业遵纪守法；社区公众则希望由于企业在当地的存在，他们的生活水平能够有所提高；更进一步地讲，一般公众希望企业保护环境，促进社会公正和进步，支持社会活动和文化活动等。企业应当在其宗旨中明确地阐述自己对这一问题的态度，即企业承担遵守法律和创造利润的基本责任外，还愿意承担多少社会责任。

为了明确地制定企业宗旨，必须说明三个问题：一是企业的基本目标或目的，二是用于达到这些目标的基本手段，三是企业同其社会和经济环境的关系。与这三个方面相对应的就是企业宗旨制定中的三个原则。

一是目标全面性原则。就企业的基本目标而言，应包括的不只是增长率和利润率这样一些财务目标，还应包括技术进步速度和为顾客服务的质量这样一些较为无形的目标。如果在一项有关各种目标的陈述中不包括那些不明确的领域，那么经理当然会把他们的努力集中于那些正式宣布的较能明确衡量的目标，而技术进步或为顾客服务这样一些没有提到的目标就将逐渐萎缩而不能实现。因此，有形目标和无形目标、短期目标和长期目标、容易量化的目标和难以量化的目标，都应该写进去。

二是手段合理性原则。就达到目标的手段而言，应该说明经理和工人如何分享权力、如何作出决策、如何同当地社区打交道等。如果对目标做了有力的陈述和监督，而对营业原则或手段却没有规定，那么，经理就可能会采用任何手段来达到他们的目标。例如，一个经理可能采用凌辱雇员或忽略技术发展的手段来达到提高销售或加速生产的目标。这些手段的恶果在短期内可能被隐蔽起来，但最终将对组织的利益产生巨大的损害。明确规定达到目标所应采取的手段，就是要防止"不择手段"。

三是关系和谐性原则。就企业同社会的关系而言，应该描绘出公司同其所有者、雇员、顾客以及同一般公众的恰当关系。例如，美国的戴登·赫德森零售公司做了如下规定："作为消费者的购买代理人，满足他们对商品和服务的需要和期望；为我们的雇员提供个人和职业上的发展；为我们的股东提供一种有吸引力的财务收

7

益；为我们在其中经营的社区提供服务，如'遵守最高的法律、伦理和道德标准''改进我们经营所在社区的环境''贡献每年应税收入的5%用于改进社区生活的质量'等等。"

（二）企业战略目标

1. 企业战略目标的特点

企业战略目标是指企业在实现其使命过程中所追求的长期结果，是在一些最重要的领域对企业使命的进一步具体化。它反映了企业在一定时期内经营活动的方向和所要达到的水平，既可以是定性的，也可以是定量的，比如竞争地位、业绩水平、发展速度等。与企业使命不同的是，战略目标要有具体的数量特征和时间界限，一般为 3～5 年或更长，而战略则是为达到其战略目标而采取的行为。

从广义上看，企业战略目标是企业战略构成的基本内容，战略目标是对企业战略经营活动预期取得的主要成果的期望值。从狭义上看，企业战略目标不包含在企业战略构成之中，它既是企业战略选择的出发点和依据，又是企业战略实施要达到的结果。

战略目标的设定，同时也是企业宗旨的展开和具体化，是企业宗旨中确认的企业经营目的、社会使命的进一步阐明和界定，也是企业在既定的战略经营领域展开战略经营活动所要达到的水平的具体规定。

战略目标与企业其他目标相比，具有以下一些特点：

（1）宏观性

战略目标是一种宏观目标。它是对企业全局的一种总体设想，它的着眼点是整体而不是局部。它是从宏观角度对企业未来的一种较为理想的设定。它所提出的，是企业整体发展的总任务和总要求。它所规定的，是整体发展的根本方向。因此，人们所提出的企业战略目标总是高度概括的。

（2）长期性

战略目标是一种长期目标。它的着眼点是未来和长远。战略目标是关于未来的设想，它所设定的，是企业职工通过自己的长期努力奋斗而达到的对现实的一种根本性的改造。战略目标所规定的，是一种长期的发展方向，它所提出的，是一种长期的任务，绝不是一蹴而就的，而是要经过企业职工相当长时间的努力才能够实现。

（3）稳定性

战略目标既然是一种长期目标，那么它在其所规定的时间内就应该是相对稳定的。战略目标既然是总方向、总任务，那么它就应该是相对不变的。这样，企业职工的行动才会有一个明确的方向，大家对目标的实现才会树立起坚定的信念。当然，强调战略目标的稳定性并不排斥根据客观需要和情况的发展而对战略目标做必要的修正。

（4）全面性

战略目标是一种整体性要求。它虽着眼于未来，但却没有抛弃现在；它虽着眼于全局，但又不排斥局部。科学的战略目标，总是对现实利益与长远利益、局部利益与整体利益的综合反映。科学的战略目标虽然总是概括性的，但它对人们行动的要求却又总是全面的，甚至是相当具体的。

（5）可分性

战略目标作为一种总目标、总任务和总要求，总是可以分解成某些具体目标、具体任务和具体要求。这种分解既可以在空间上把总目标分解成一个方面又一个方面的具体目标和具体任务，又可以在时间上把长期目标分解成一个阶段又一个阶段的具体目标和具体任务。人们只有把战略目标分解，才能使其具有可操作性。可以这样说，战略目标是可分的，因此才是可实现的。

（6）可接受性

企业战略的实施和评价主要是通过企业内部人员和外部公众来实现的，因此，战略目标必须被他们理解并符合他们的利益。但是，不同的利益集团有着不同的甚至是相互冲突的目标，因此，企业在制定战略时一定要注意协调。一般地，能反映企业使命和功能的战略易于为企业成员所接受。另外，企业的战略表述必须明确，有实际的含义，不至于产生误解，易被企业成员理解的目标也易于被接受。

（7）可检验性

为了对企业管理的活动进行准确的衡量，战略目标应该是具体的和可以检验的。目标必须明确，具体地说明将在何时达到何种结果。目标的定量化是使目标具有可检验性的最有效的方法。但由于许多目标难以数量化，时间跨度越长、战略层次越高的目标越具有模糊性。此时，应当用定性化的术语来表达其达到的程度，一方面要明确战略目标实现的时间，另一方面要详细说明工作的特点。

（8）可挑战性

目标本身是一种激励力量，特别是当企业目标充分体现了企业成员的共同利益，使战略大目标和个人小目标很好地结合在一起的时候，就会极大地激发组织成员的工作热情和献身精神。

（9）具体性

在公司制定战略目标时，应当结合公司所处的内外部环境。要有具体的实现时间，以及目标实现的效果。切忌一味贪大、空喊口号。

2. 企业战略目标的内容

战略目标是企业使命和功能的具体化，一方面有关企业生存的各个部门都需要有目标，另一方面目标还取决于个别企业的不同战略。因此，企业的战略目标是多元化的，既包括经济目标，又包括非经济目标；既包括定性目标，又包括定量目标。尽管如此，各个企业需要制定目标的领域却是相同的，所有企业的生存都取决于同样的一些因素。

企业战略目标一般包括以下内容：

（1）盈利能力。用利润、投资收益率、每股平均收益、销售利润等来表示。

（2）市场。用市场占有率、销售额或销售量来表示。

（3）生产率。用投入产出比率或单位产品成本来表示。

（4）产品。用产品线或产品的销售额和盈利能力、开发新产品的完成期来表示。

（5）资金。用资本构成、新增普通股、现金流量、流动资本、回收期来表示。

（6）生产。用工作面积、固定费用或生产量来表示。

（7）研究与开发。用花费的货币量或完成的项目来表示。

（8）组织。用将实行变革或将承担的项目来表示。

（9）人力资源。用缺勤率、迟到率、人员流动率、培训人数或将实施的培训计划数来表示。

（10）社会责任。用活动的类型、服务天数或财政资助来表示。

一个企业不一定在以上所有领域都规定目标，并且战略目标也并不局限于以上十个方面。

3. 企业战略目标制定过程

（1）调查研究

在制定企业战略目标之前，必须进行调查研究工作。但是在确定战略目标的过程中还必须对已经做过的调查研究成果进行复核，进一步整理分析，把机会和威胁、长处与短处、自身与对手、企业与环境、需要与资源、现在与未来加以对比，搞清楚它们之间的关系，只有这样才能为确定战略目标奠定比较可靠的基础。

调查研究一定要全面进行，但又要突出重点。为确定战略而进行的调查研究是不同于其他类型的调查研究的，它的侧重点是企业与外部环境的关系和对未来的研究和预测。关于企业自身的历史与现状的陈述自然是有用的，但对战略目标决策来说，最关键的还是那些对企业未来具有决定意义的外部环境的信息。

（2）拟定目标

经过细致周密的调查研究，便可以着手拟定战略目标了。拟定战略目标一般需要经历两个环节：拟定目标方向和拟定目标水平。首先在既定的战略经营领域内，依据对外部环境、需要和资源的综合考虑，确定目标方向，通过对现有能力与手段等诸种条件的全面衡量，对沿着战略方向展开的活动所要达到的水平也作出初步的规定，这便形成了可供决策选择的目标方案。

前面对企业战略目标包含的内容已经作了介绍。在确定过程中，必须注意目标结构的合理性，并要列出各个目标的综合排列的次序。另外，在满足实际需要的前提下，要尽可能减少目标的个数。

一般采用的方法是：

①把类似的目标合并成一个目标；

②把从属目标归于总目标；

③通过度量求和，求平均或过程综合函数的办法，形成一个单一的综合目标。

在拟定目标的过程中，企业领导要注意充分发挥参谋智囊人员的作用。要根据实际需要与可能，尽可能多地提出一些目标方案，以便于对比选优。

（3）评价论证

战略目标拟定出来之后，就要组织多方面的专家和有关人员对提出的目标方案进行评价和论证。

①论证和评价要围绕目标方向是否正确进行。要着重研究：拟定的战略目标是

否符合企业精神，是否符合企业的整体利益与发展需要，是否符合外部环境及未来发展的需要。

②要论证和评价战略目标的可行性。论证与评价的方法，主要是按照目标的要求，分析企业的实际能力，找出目标与现状的差距，然后分析用于消除这个差距的措施，而且要进行恰当的运算，尽可能用数据说明。如果制定的途径及能力和措施对消除这个差距有足够的保证，那就说明这个目标是可行的。还要注意的是，如果外部环境及未来的变化对企业发展比较有利，企业自身也有办法找到更多的发展途径、能力和措施，那么就要考虑提高战略目标的水平。

③要对所拟定的目标完善化程度进行评价。要着重考察以下三方面：

一是目标是否明确。目标明确是指目标应当是单义的，只能有一种理解，而不能是多义的；多项目标还必须分出主次轻重；实现目标的责任必须能够落实；实现目标的约束条件也要尽可能明确。

二是目标的内容是否协调一致。如果内容不协调一致，完成其中一部分指标势必会牺牲另一部分指标，那么，目标内容便无法完全实现。

三是有无改善的余地。如果在评价论证时，人们已经提出了多个目标方案，那么这种评价论证就要在比较中恰当进行。通过对比、权衡利弊，找出各个目标方案的优劣所在。

拟定目标的评价论证过程，也是目标方案的完善过程。要通过评价论证，找出目标方案的不足，并想方设法使之完善起来。如果通过评价论证发现拟定的目标完全不正确或根本无法实现，那就要回过头去重新拟定目标，然后再重新评价论证。

（4）目标决断

在决断选定目标时，要注意从以下三个方面权衡各个目标方案：

①目标方向的正确程度；

②可望实现的程度；

③期望效益的大小。

对这三个方面宜做综合考虑。所选定的目标，三个方面的期望值都应该尽可能大。目标决断，还必须掌握好决断时机。因为战略目标决策不同于战术目标决策。战术目标决策常常时间比较紧迫，回旋余地很小，而且战略目标决策的时间压力相对不大。在决策时间问题上，一方面要防止在机会和困难都还没有搞清楚之前就轻率决策；另一方面又不能优柔寡断，贻误时机。

从调查研究、拟定目标、评价论证、目标决断这四个步骤确定战略目标是否紧密结合在一起，后一步的工作要依赖于前一步的工作，在进行后一步的工作时，如果发现前一步的工作不足，或遇到了新情况，就需回过头去，重新进行前一步或前几步工作。

二、企业总体战略框架

（一）稳定性战略

稳定性战略的特征是很少发生重大的变化，这种战略包括持续地向同类型的顾客提供同样的产品和服务，维持市场份额，并保持组织一贯的投资报酬率纪录。判定一个组织是否在实行稳定性战略不是件容易的事。

（二）增长战略

增长战略这个术语意味着提高组织经营的层次，这包括一些通行的衡量标准，如更高的销售额、更多的雇员和更大的市场份额。增长可以通过直接扩张、合并同类企业或多元化经营的方式实现。例如，沃尔玛公司和麦当劳公司是以直接扩张的方式追求增长，当然另外有些公司采用合并的方式实现增长。

（三）收缩战略

收缩战略指企业减小经营规模或是多元化经营的范围。现在有不少企业实行收缩战略，其中包括一些著名的大公司。

（四）组合战略

组合战略就是同时实行两种或多种前面提到的战略。根据企业实际经营现状的复杂程度或针对企业发展的不同阶段，适当调整企业战略规划，运用组合战略，使企业运营更具灵活性。

三、企业总体战略的选择

战略的本质是选择。企业之所以要选择战略，是因为企业的资源和能力毕竟有限，其能力不足，不能所有的都选择。

企业战略选择是以市场为主导的，技术逻辑是以科技发展为主导的。对于技术逻辑而言，技术本身的进步就足够了；但对于企业战略而言，技术本身的进步仅仅是必要条件，还必须综合考虑市场竞争的多种因素，只有这样才能取得成功。

所以，企业的技术路线必须服从于战略选择，而不能是技术专家决定论，企业战略之中应包含对技术路线（即技术发展方向）及企业在技术方面的一切努力。

20 世纪初，美国一家以 R&D 咨询为主要业务的阿瑟·利特尔公司开发了"第三代 R&D 管理"的理论，该理论的主旨在于将 R&D 与企业战略联系起来，正如其作者所说：高层企业管理必须进入第三代 R&D 管理的新时代，在这个新时代，企业、经营和 R&D 的管理者共同参与，形成整体的 R&D 战略，该战略以满足消费者和股东的长远利益为核心，与企业战略和规划紧密相连。

（一）战略选择类型

1. 总成本领先战略

总成本领先战略的主导思想是以低成本取得行业中的领先地位。它要求坚决建立起大规模的高效生产设施，选择的市场必须对某类产品有稳定、持久和大量的需求，产品的设计要便于制造和生产，要广泛地推行标准化、通用化和系列化，如麦当劳。

2. 差别化战略

差别化战略能够使企业在行业中别具一格，具有独特性，并且利用有意识形成的差别化，建立起差别竞争优势。实行差别化战略的方式很多，如树立名牌、产品有特性、服务别具一格等。

3. 集中化战略

集中化战略是指主攻某个特殊的细分市场或某一种特殊的产品。前提是企业业务的专一化能够以更高的效率、更好的效果为某一狭窄的战略对象服务，从而在某一方面或某一点上超过那些有较宽业务范围的竞争对手。

（二）战略选择的决定因素

按照竞争优势的来源可以将战略选择的决定因素分成两类：一是外界环境，强调外界环境的机遇与威胁以及产业结构是导致企业战略选择的基本因素。二是内部资源和能力，强调企业战略就是合理配置企业内部独特资源、整合企业内部各种能力适应环境的变化，以此获取可持续的竞争优势。

现有的战略管理理论无法解释，在面临通用汽车公司差异化战略竞争时，亨利·福特为什么仍然长期坚持低成本领先战略？这主要有三大原因：

（1）企业被看成一个理性整体，它具有完全的理性，能够预测外界环境的变化，也能够完全知晓自己和对手的优劣势，因此，战略仅仅被看成企业适应环境和保持竞争力的理性手段，战略选择研究的焦点主要集中在企业进入最佳战略位置和努力适应环境的方式。

（2）忽视了企业中个体的行为特征，特别是掌握企业控制权之人的价值观。

（3）企业战略选择的方向高度一致，不考虑企业中个体行为的交互作用。为了对现有的战略选择模型进行修正，下面以个人的价值观、企业的控制权作为决定企业战略选择的核心因素，构建一个"价值观—控制权—战略选择"的分析框架（见图1-1）。

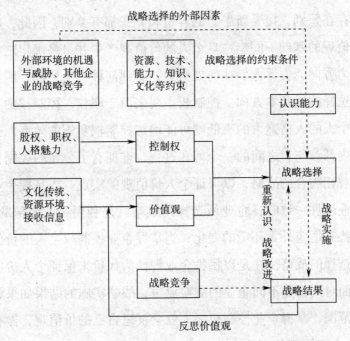

图1-1 价值观、控制权与战略选择逻辑框架

一般来说，企业进行战略选择是为了发挥企业内部的资源、能力、知识、文化优势来适应外界环境的变化，从而击败竞争对手，获取可持续的竞争优势（Teece，1997）。外界环境的机遇与威胁、同行业不同企业的战略竞争是企业战略选择的外在动力，企业内部特有的资源、技术、能力、知识、文化等因素是战略选择的内在约束条件。只有与企业内部资源、能力、知识、文化相匹配的战略才能适应外界环境的变化，才能使企业获取可持续的竞争优势。但由于外界环境的多变性、信息的不对称性以及人的有限理性，面对同行业不同企业的战略竞争时，战略实施的结果并不能完全达到预期的结果，必须通过重新思索具体的战略实施结果来不断调整企业的战略，因此，企业的最优战略是一个随着高层管理者认知能力的提高而不断适应内外环境的动态的调整过程（见图1－1双虚线部分）。

　　然而，企业又是一个人力资本和非人力资本的特别合约，企业最核心的资源是人。企业的战略选择不可能完全忽视人的价值观，也不可能不考虑个人行为交互作用的影响，因此，可以认为决定企业的战略选择的内在深层因素是控制权与个人价值观。价值观是个人在特定的地域环境、文化环境以及社会习俗、道德环境下形成的一种对世界的看法。由于人们生活的地域环境、文化环境、社会习俗的不同，人们的认识能力存在差别，接受新思想的容量和方式都有差别，因此，不同的人形成自己独特的价值观的基础不同。一旦个人的价值观产生并最终确定之后，价值观就会引导人的努力方向，告诉人们往何处努力，达到何种人生目标，因此，价值观决定了个人行为选择的最基本方向。控制权主要来源于职权，控制权的大小取决于企业股权份额，个人的人格魅力的高低则可能增加控制权实施的效率。公司的具体战略选择是公司内部参与者之间的一个博弈过程，谁拥有了公司的控制权谁就会选择与自己的价值观相吻合的战略，以保证个人价值观的实现。当掌握企业控制权之人的价值观与企业理性一致时，企业所选择的战略就是利用企业内部的资源、能力、知识和文化优势来适应外界环境的变化；当掌握企业控制权之人的价值观与企业理性相悖时，所选择的战略往往是以牺牲企业理性为代价来保证个人价值观的实现或维持。但是，面对同行业不同企业的战略竞争，战略实施的结果如果超过企业成本和资源容忍的范围，掌握企业控制权之人就会反思自己的价值观，做有限度的战略调整（见图1－1实线部分）。

第三节　竞争战略的制定

一、成本领先战略

　　成本领先战略也称低成本战略，是指企业通过有效的途径降低经营过程中的成本，使企业以较低的总成本赢得竞争优势的战略。当成本领先的企业的价格相当于或低于其竞争厂商时，它的低成本地位就会转化为高收益。尽管一个成本领先的企业是依赖其成本上的领先地位来获取竞争优势的，但它要成为经济效益高于平均水平的超群者，则必须与其竞争厂商相比，在产品别具一格的基础上取得价值相等或价值近似的有利地位。成本领先战略的成功取决于企业日复一日地实际实施该战略的技能。

成本领先者的竞争优势的基础是总成本比竞争对手要低。成本领先战略要使企业的某项业务成本最低，这是因为任何一种战略之中都应当包含成本控制的内容，它是管理的任务，但并不是每种战略都要追求成为同行业的成本最低者。

按照波特的思想，成本领先战略应该体现为相对于对手而言的低价格，但这并不意味着仅仅获得短期成本优势或仅仅是削减成本，而是一个"可控制成本领先"的概念。此战略成功的关键是在满足顾客认为最重要的产品特征与服务的前提下，实现相对于竞争对手的可持续的成本优势，换言之，实施低成本战略的企业必须找出成本优势的持续性来源，能够形成防止竞争对手模仿优势的障碍，只有这样低成本优势才能长久保持。

根据企业获取成本优势的不同方法，成本领先战略可以概括分为：（1）简化产品型成本领先战略；（2）改进设计型成本领先战略；（3）材料节约型成本领先战略；（4）人工费用降低型成本领先战略；（5）生产创新及自动化型成本领先战略。

成本领先战略的收益在于：（1）抵挡住现有竞争对手的对抗；（2）抵御购买者讨价还价的能力；（3）更灵活地处理供应商的提价行为；（4）形成进入障碍；（5）树立相对于替代品的竞争优势。

采用成本领先战略的风险主要包括：（1）降价过度引起利润率降低；（2）新加入者可能后来居上；（3）丧失对市场变化的预见能力；（4）技术变化降低企业资源的效用；（5）容易受外部环境的影响。

二、差异化战略

差异化战略又称差别化战略或标新立异战略，是指企业针对大规模市场，通过提供与竞争者存在差异的产品或服务以获取优势的战略。

差异化战略的收益主要包括：（1）建立起顾客对企业的忠诚；（2）形成强有力的产业进入障碍；（3）增强企业对供应商讨价还价的能力，这主要是由于差异化战略能够提高企业的边际收益；（4）削弱购买者讨价还价的能力，企业通过差异化战略减少了与之可比较的产品，降低了购买者对价格的敏感度，另外，通过产品差异化使购买者具有较高的转换成本，使其依赖于企业；（5）由于差异化战略使企业建立起顾客的忠诚，这使得替代品无法在性能上与之竞争。

差异化战略通过将公司提供的产品或服务差异化，形成其在全产业范围中的独特性。

差异化战略要求企业就客户广泛重视的一些方面在产业内独树一帜，或在成本差距难以进一步扩大的情况下，生产比竞争对手功能更强、质量更优、服务更好的产品以显示经营差异。

实现差异化战略有许多方式：设计或品牌形象（Mercedes Benz 在汽车业）、技术特点（Coleman 在野营设备业中）、外观特点（Jenn-Air 在电器领域中）、客户服务（Crown Cork 及 Seal 在金属罐产业中）、经销网络（Caterpillar Tractor 在建筑设备业中）及其他方面的独特性。最理想的情况是公司使自己在几个方面都差异化。应当强调的是差异化战略并不意味着公司可以忽略成本，但此时成本不是公司的首要战略目标。

差异化战略的风险主要包括：（1）可能丧失部分客户。如果采用成本领先战略的竞争对手压低产品价格，使其与实行差异化战略的厂家的产品价格差距拉得很大，则用户为了大量节省费用，可能放弃取得差异的厂家所拥有的产品特征、服务或形象，转而选择物美价廉的产品。（2）用户所需的产品差异的重要性下降。当用户变得越来越老练时，如果对产品的特征和差别体会不明显，就可能发生忽略差异的情况。（3）大量的模仿缩小了感觉得到的差异，特别是当产品发展到成熟期时，拥有技术实力的厂家很容易通过逼真的模仿，减少产品之间的差异。（4）过度差异化。

三、集中化战略

集中化战略又称专一化战略、目标集中战略、目标聚集战略、目标聚集性战略等，是指主攻某一特殊的客户群或某一产品线的细分区段、某一地区市场的战略。正如差异化战略一样，集中化战略有许多种形式。虽然低成本与差异化战略都是要在全产业范围内实现其目标，集中化战略的整体却是围绕着很好地为某一特殊目标服务这一中心建立的，它所开发推行的每一项职能化方针都要考虑这一中心思想。与成本领先战略和差异化战略不同的是，集中化战略具有为某一特殊目标客户服务的特点，组织的方针、政策、职能的制定都首先要考虑到这样一个特点。

集中化战略的收益：

（1）便于使用整个企业的力量和资源更好地服务于某一特定的目标。

（2）将目标集中于特定的部分市场，企业可以更好地调查研究与产品有关的技术、市场、顾客以及竞争对手等方面的情况，做到"知彼"。

（3）战略目标集中明确，经济效果易于评价。

集中化战略的风险：

（1）容易限制获取整体市场份额。集中化战略目标市场总具有一定的特殊性，目标市场独立性越强，与整体市场份额的差距就越大。实行集中化战略的企业总是处于独特性与市场份额的矛盾之中，选择不恰当就可能造成集中化战略的失败。与这一对矛盾相对应的是企业利润率与销售额互为代价。例如，为愿意支付高价的顾客专门设计加工服装的企业，将失去中低档服装市场。有很多企业在获得专一化优势的同时又进入了广泛市场，这种矛盾的战略最终会使企业丢失其专有的市场。

（2）企业对环境变化适应能力差。实行集中化战略的企业往往是依赖特殊市场而生存和发展的，一旦有极强替代能力的产品出现或者市场发生变化，这些企业容易遭受巨大损失。例如，滑板的问世对旱冰鞋的市场构成极大的威胁。又如，投入成本较高的娱乐场所，专为高收入阶层或特殊顾客群服务而获取高利润率，当出现经济萧条或严格控制公款消费时，这些娱乐性企业则亏损严重。

（3）成本差增大而使专一化优势被抵消。当为大范围市场服务的竞争对手与专一化企业之间的成本差变大时，针对某一狭窄目标市场服务的企业将丧失成本优势，或者使集中化战略产生的差别化优势被抵消。因为这种成本差的增大将降低买方效益或者降低买方使用替代品的转移成本，从而使专一化市场与广泛市场之间的渗透增强，集中化战略所构成的成本优势或差别化优势则会逐渐消失。例如，过多地依赖广告宣传效果而形成自己市场的产品，如化妆品、保健用品等，容易受到面对普通用户的产品借助专一化产品的广告宣传的高投入而获益的入侵。

第四节 企业职能战略的制定

职能战略是指企业中的各职能部门制定的指导职能活动的战略。职能战略一般可分为营销战略、人事战略、财务战略、生产战略、研究与开发战略、公关战略等。职能战略是为企业战略和业务战略服务的，所以必须使之与企业战略和业务战略相配合。比如，企业战略确立了差异化的发展方向，要培养创新的核心能力，企业的人力资源战略就必须体现对创新的鼓励；要重视培训，鼓励学习；把创新贡献纳入考核指标体系；在薪酬方面加强对各种创新的奖励。

职能战略描述了在执行公司战略和经营单位战略的过程中，企业中的每一职能部门所采用的方法和手段。职能战略在几个方面不同于公司战略和经营单位战略：首先，职能战略的时间跨度要较公司战略短得多。其次，职能战略要较公司战略更具体和专门化，且具有行动导向性。公司战略只是给出公司发展的一般方向，而职能战略必须指明比较具体的方向。最后，职能战略的制定需要较低层管理人员的积极参与。事实上，在制定阶段吸收较低层管理人员的意见，对成功地实施职能战略是非常重要的。

一、市场营销战略

市场营销战略是指根据企业战略定位，在市场调研以及顾客分析和竞争分析的基础上，对企业市场营销目标、产品和市场定位、营销策略及其组合的总体谋划。其主要内容包括：分析和确定顾客的需求，使企业现有的及潜在的产品或服务与之相适应；向顾客传递产品或服务的信息，并接受其反馈；在适当的时间及地点投放产品或服务，以满足交换的需要；以及为产品和服务确定价格。市场营销战略的制定程序是：首先，对企业面对的总体市场进行细分；其次，选择目标市场并确定基本的市场战略；最后，制定明确的市场营销组合方案。

（一）市场细分

市场细分是指根据消费者的需求和购买习惯的差异，把整体市场划分为不同消费群体的市场分割过程。每个消费群体就称作一个细分市场。市场细分的作用是否能得到充分发挥，往往取决于企业对整个市场进行划分的方法。不同的企业、不同的营销环境，细分市场的标准往往有所不同。确定细分市场的一般标准，主要考虑以下因素：

1. 地理因素

即按照消费者所处的地理位置的自然环境来细分市场，包括国家、地区、民族、城市规模、人口密度、地形、气候、自然资源等。这些因素对消费者的需要、生活方式、风俗习惯都有重要的影响。

2. 人口因素

人口因素指各种人口统计变量，包括年龄、婚姻、职业收入、教育程度、家庭生命周期、国籍、宗教、社会阶层等。

3. 心理因素

即按照消费者的心理特征细分市场，包括个性、购买动机、生活格调、追求的利益等变量。

4. 行为因素

即按照消费者的购买行为细分市场，包括消费者进入市场的程度、使用频率、偏好程度、品牌忠诚度等变量。

（二）市场战略

市场细分的目的是便于企业选择适合自身条件的目标市场，并制定出有效的市场战略。根据市场类型和产品或服务类型可以划分为以下几种市场战略：

1. 市场渗透战略

它是指一个经营单位试图在其现有产品或服务市场上获得更大的控制权时所采用的策略。在应用该战略时，管理者必须仔细考虑下列几种因素：（1）竞争对手的反应；（2）市场增加用途或消费的容量，以及是否存在新的顾客；（3）在从竞争对手那里争取顾客、刺激更多的使用和消费、吸引新顾客等方面所支出的费用。

2. 市场开发战略

它是指经营单位将自己现有的产品或服务介绍给新的顾客。在采用这一战略时所考虑的因素包括：（1）竞争对手的反应；（2）新顾客的数量、需求以及购买方式等；（3）经营单位适应新市场的能力。

3. 产品开发战略

它是指经营单位为现有的顾客开发新的产品或服务内容。运用这种战略要考虑的因素包括：（1）竞争对手的反应；（2）新产品或服务对现有的产品或服务的影响；（3）经营单位提供新产品或服务的能力。

4. 多样化战略

它是经营单位为新顾客提供新产品或服务。运用这一战略要考虑以下因素：（1）对新顾客的需求要有深入的了解；（2）保证新产品或服务满足上述要求；（3）确保经营单位具有为新顾客服务的人才。

（三）市场营销组合

企业在目标营销战略确定之后，面临的任务是从目标市场需求出发，根据企业内外环境的要求，为企业制定一个合理的、有营销组合的整体营销战略。它包括四个方面的策略：（1）产品策略，决定所提供的产品或服务的准确类型；（2）促销策略，决定如何就产品或服务的信息与顾客沟通；（3）销售渠道策略，选择将产品或服务分配给顾客的方法；（4）价格策略，制定产品或服务的价格。

进行市场营销组合的目的是为了更好地服务于目标市场，对选定的目标市场究竟采用什么样的市场营销组合就构成了对目标市场营销组合策略的选择。一般来说，有三种目标市场营销组合策略，分别是市场无差异策略、市场差异化策略和市场集中策略。

（1）市场无差异策略又称市场整体化策略，是指企业在细分市场之后，不考虑各子市场的特性，而只注重子市场的共性，以统一的产品、统一的市场营销组合策略服务于所有的顾客，市场无差异策略建立在市场所有顾客对某种产品的需求都大致相同的基础上，无须在产品、促销、价格、渠道等方面采取特殊策略。

（2）市场差异化策略是指在市场细分之后，企业决定同时为几个子市场服务，设计不同的产品，并在渠道、促销和定价方面都加以相应的改变，以适应各子市场的需求。这种策略认为顾客的需求是不同的，只有采取市场差异化策略，才能满足不同顾客的需求。

（3）市场集中策略是指企业集中所有力量，以一个或几个性质相似的子市场作为目标市场，对其采取统一的集中化的营销组合策略，试图在较少的子市场上实现较大的市场占有率。这种策略的出发点是，与其将有限的资源分散到不同的市场，不如集中力量服务于有限的市场。

二、财务管理战略

财务管理战略是指为谋求企业资本均衡有效的流动，提高资本运营质量和效率，实现企业战略目标，增强企业的竞争优势，在分析企业内部、外部理财环境因素对资本流动影响的基础上，对企业资本流动进行全局性、长期性和创造性的谋划，并确保其执行的过程。企业财务管理战略的主要任务是根据企业的总体战略、竞争战略和其他职能战略的要求，分析和确定企业的资金需求量，保证企业的经营活动对资金的需要，确定融资渠道及方式，调整和优化企业内部资本结构，通过有效的资产管理手段提高资金的使用效率，同时通过对资金的最优化利用，保证企业战略目标的顺利实现。对于企业财务管理战略的目标问题，一直存在较大的争议。在市场经济条件下，得到应用的有三个观点：一是利润最大化目标。利润最大化目标是指通过对企业财务活动的管理，不断增加企业利润，使利润达到最大化。二是股东财富最大化。股东财富最大化是指通过财务上的合理经营，为股东带来最多的财富。三是企业价值最大化。企业价值最大化是指通过企业财务上的合理经营，采用最优的财务决策，充分考虑资金的时间价值和风险与报酬的关系，在保证企业长期稳定发展的基础上使企业价值达到最大化。企业财务管理战略可以分为资本筹措战略、资金运用战略和利润分配战略三个部分。

（一）资本筹措战略

资本筹措战略也称融资战略，即根据企业经营的实际资金需求量和特定的融资环境进行综合分析，确定企业最佳融资规模、资本结构和融资方式。融资战略方案的选择应在综合考虑融资数额、期限、利率、风险等各种因素的基础上进行，最常见的融资方式有股票融资、债券融资和银行贷款三种。

（二）资金运用战略

资金运用战略主要解决资金的使用效率问题，可分为投资战略和资产管理战略两个部分。

（1）投资战略。企业的投资战略是在对企业所处投资环境进行科学分析的基础上制定的最佳资源组合和运用方案。对于投资方案的评价多采用贴现现金流量指标，包括动态投资回收期法、净现值法、现值指数法、内部报酬率法等。

（2）资产管理战略。资产管理是财务管理的重要内容，涉及企业各种资产的计划、分配及有效运用等许多方面的问题，主要包括固定资产管理和流动资产管理两个方面。

固定资产管理战略的重点在于制定固定资产投资计划、保持生产能力的均衡、充分利用闲置的生产资源和能力、防止资产意外损失等。固定资产周转率是反映企业固定资产管理能力的重要财务指标。流动资产管理具体包括现金管理、存货管理、应收账款管理等，流动资产管理的重点在于节省不必要的开支，提高流动资金周转率，处理好保持流动性与现金持有成本、保证供货与降低存货成本、促进销售与减少应收账款等若干矛盾。用于分析企业流动资产管理能力和状况的财务指标主要有存货周转率和应收账款周转率。

（三）利润分配战略

企业的税后净利润，从其性质看，属于股东权益，主要用于企业积累和向投资者分配。在现代企业制度下，利润分配战略实际上就是股利分配政策，其核心问题是确定分配与留利的比例，即确定多少利润分配给股东，多少利润留在企业用于再投资。在股利分配实务中，企业通常采用的股利分配政策有以下四种：

（1）剩余股利政策。剩余股利政策就是在企业确定的最佳资本结构下，税后利润首先要满足投资的需求，然后若有剩余才用于分配股利。这是一种投资优先的股利政策。

（2）固定股利或稳定增长股利政策。这是一种稳定的股利政策，它要求企业在较长时期内支付固定的股利额，只有当企业对未来利润增长确有把握，并且这种增长被认为是不会发生逆转时，才会增加每股股利额。

（3）固定股利支付率股利政策。这是一种变动的股利政策，即企业每年都从净利润中按固定的股利支付率发放股利。

（4）低正常股利加额外股利政策。这是一种介于稳定股利政策与变动股利政策之间的股利政策。这种股利政策每期都支付稳定的较低的正常股利额，当企业盈利较多时，再根据实际情况发放额外股利。

资本筹措战略、资金运用战略和利润分配战略并不是相互割裂、互不相关的，而是相互联系、相互依存的。上述三个既有联系又有区别的战略构成了完整的企业财务管理战略。

三、生产组织战略

生产组织战略又称生产运作战略，是指在企业总体战略和竞争战略的基本框架下，如何通过生产运作活动来达到企业的整体战略目标。它根据对企业各种资源要素和内外环境的分析，对和生产与运作管理以及生产运作系统有关的基本问题进行分析和判断，确定总的指导思想以及一系列对策原则。生产组织战略作为企业或企业某项事业的经营战略中的一个职能战略，其目标不是提供具体的产品和服务，而是提高在生产领域内取得某种竞争优势的能力。这些能力表现为企业产品和服务的四个指标：成本、质量、交货期和制造柔性。这四大指标构成了生产组织战略的目标体系，与生产运作系统的状况密切相关。由于它们本身的特性所限，企业通常难以在这四个方面同时努力。因此，需要判断哪个目标对提高企业竞争力最重要，从而集中企业的主要资源重点突破。

生产组织战略包括以下类型：

（1）基于成本的战略。基于成本的战略指通过发挥生产系统的规模经济优势，以及实行设计和生产的标准化，使得产品的成本大大低于竞争对手的同类产品，获取价格竞争优势从而形成一种进入壁垒。其本质是，不断追求生产系统的规模经济性。近年来，片面追求基于成本的战略呈现出越来越多的缺陷。一方面，企业规模过大，管理不便，需增加机构，使企业运营成本增加，管理效率降低；另一方面，容易造成企业生产系统僵化，缺乏灵活性，而无法很好地满足消费者的需求。

（2）基于质量的战略。基于质量的战略指企业把质量因素作为竞争优势的来源，即依靠顾客感知到的产品或服务的相对质量的领先地位，赢得高市场占有率和稳定的利润。根据美国战略计划学院进行的一项名为市场战略对利润影响的分析表明，产品的质量与其在市场中所占的份额是密切相关的，具有高质量的产品的公司就会拥有更大的市场份额，同时也会从市场成长中获取最大的利益。在规模上处于劣势的企业应采用这种基于质量的生产战略，把质量作为赢得市场份额的出路。例如通过实施六西格玛管理方法，GE 公司成功地把一种质量管理方法演变成为一个高度有效的企业流程设计、改造和优化技术，继而成为追求管理卓越性的跨国企业最为重要的战略举措。

（3）基于时间的战略。基于时间的战略指企业把时间作为一种关键的竞争优势的来源，通过缩短产品开发周期和制造周期以提高对市场需求的反应速度，使企业具备提供众多的产品种类和覆盖更多细分市场的能力。以时间为基础，基于弹性制造、快速反应、丰富品种、增加创新循环的战略管理，能够减少方方面面的业务时间消耗，从而能够降低成本，提高质量，与顾客保持密切的联系，易于吸引最为有利可图的顾客。

第二章

ERP 沙盘模拟简介

第一节　课程内容及特色

一、课程内容

企业经营决策模拟对抗课程的基础背景设定为一家已经经营若干年的生产型企业。此课程将把参加训练的学员分成 4～6 组，每组 4～5 人，每组代表不同的一家虚拟公司。在这个训练中，小组成员将分别担任公司中的重要职位（CEO、CFO、市场总监、生产总监等）。这几家公司是同行业中的竞争对手。它们从先前的管理团队中接手企业，在面对来自其他企业（其他学员小组）的激烈竞争中，将企业向前推进、发展。在这个课程中，学员们必须作出众多的决策。例如新产品的开发、生产设施的改造、新市场中销售潜能的开发等。每个独立的决策似乎容易作出，然而当它们综合在一起时，便产生许多不同的选择方案。

课程涉及整体战略、产品研发、生产、市场营销与销售、财务、团队协作与沟通等多个方面，具体内容包括：

1. 整体战略方面

（1）评估内部资源与外部环境，制定长、中、短期策略。

（2）预测市场趋势、调整既定战略。

2. 产品研发方面

（1）产品研发决策；

（2）必要时作出修改研发计划甚至中断项目的决定。

3. 生产方面

（1）选择获取生产能力的方式（购买或租赁）；

（2）设备更新与生产线改良；

（3）全盘生产流程调度决策，匹配市场需求、交货期和数量及设备产能；

（4）库存管理及产销配合；

（5）必要时选择清偿生产能力的方式。

4. 市场营销与销售方面

（1）市场开发决策；

（2）新产品开发、产品组合与市场定位决策；

（3）模拟在市场中短兵相接的竞标过程；

（4）刺探同行敌情，抢攻市场；

（5）建立并维护市场地位，必要时作出退出市场的决策。

5. 财务方面

（1）制定投资计划，评估应收账款金额与回收期；

（2）预估长、短期资金需求，寻求资金来源；

（3）掌握资金来源与用途，妥善控制成本；

（4）洞悉资金短缺前兆，以最佳方式筹措资金；

（5）分析财务报表、掌握报表重点与数据含义；

（6）运用财务指标进行内部诊断，协助管理决策；

（7）以有限资金转亏为盈，创造高利润；

（8）编制财务报表，结算投资报酬，评估决策效益。

6. 团队协作与沟通方面

（1）实地学习如何在立场不同的部门间沟通协调；

（2）培养不同部门人员的共同价值观与经营理念；

（3）建立以整体利益为导向的组织。

二、课程特色及局限性分析

1. 生动有趣

管理课程一般都以"理论＋案例"为主，该课程通常比较枯燥，学生很难迅速掌握管理理论并应用到实际工作中。而通过模拟沙盘进行培训则增强了娱乐性，使枯燥的课程变得生动有趣。通过游戏进行模拟能够激起参与者的竞争热情，让他们有学习的动机——获胜！

2. 体验实战

这种培训方式是让人们通过"做"来"学"。参与者以切实的方式体会深奥的商业思想——他们看到并触摸到商业运作的方式。体验式学习使参与者学会收集信息并在将来应用于实践。

3. 团队合作

这种模拟是互动的。当参与者对游戏过程中产生的不同观点进行分析时，需要不停地进行对话。除了学习商业规则和财务语言外，参与者增强了他们的沟通技能，并学会如何以团队的方式工作。

4. 看得见，摸得着

剥开经营理念的复杂外表，直探经营本质。企业结构和管理的操作全部展示在模拟沙盘上，这种培训方式将复杂、抽象的经营管理理论以最直观的方式呈现出来供学员体验、学习。完整生动的视觉感受能够极为有效地激发学员的学习兴趣，增强学习能力。在课程结束时，学员对所学的内容理解更透，记忆更深。

5. 想得到，做得到

把平日工作中尚存疑问的决策带到课程中印证。在2~3天的课程中模拟10年期间的企业全面经营管理。学员有充足的自由来尝试作出企业经营的重大决策，并且能够直接看到结果。在现实工作中，他们可能在相当长的时间里没有这样的体验机会。

三、模拟演练教具

建设专业沙盘实验室，其中配备：手工沙盘操作的实务教具，如沙盘盘面生产线、产品、原材料产品研发的相关开片以及代表不同面值的现金硬币；电子沙盘操作的教具主要有教师终端和学生操作机，软件系统包含创业者和商战两个版本。可进行线上运营，教师通过幻灯片讲授运营规则，学生进行自主操作，以学生自主操作为主线，教师仅提供适当的辅助。

第二节　ERP沙盘模拟训练分工及人员设置

一、教师的职务及工作内容

ERP沙盘模拟是一种"体验式""互动式"的全新的教学手段和方法，教师仅作为引路人，这是针对传统教学方法的创新改革，也是为了顺应现在创新创业浪潮的发展。该课程既能让受训者全面学习、掌握经济管理知识，又可以充分调动受训者学习的主动性与参与性，让受训者身临其境，真正感受到企业经营者直面市场竞争的精彩与残酷，承担经营的风险与责任。这是学生了解并认识企业经营的最佳途径，对学生开放及寻找职业兴趣点有很大的帮助，让学生理论联系实际，能够将理论知识应用于企业模拟中，决策更具有明确性，有利于教师指导，并由此综合提升受训者经营管理的素质与能力。

二、学生的职务及工作内容

企业模拟经营手工沙盘的基础背景，一般设定为一家已经经营了 2 年的生产型企业。此课程一般会把参加训练的学员分成 4 ~ 6 组，一般每组 5 ~ 6 人，每组各代表不同的虚拟公司。在这个训练中，每个小组的成员将分别担任公司中的重要职位（执行总裁、首席财务官、市场总监、生产总监和采购总监等）。每队要亲自经营一家拥有上亿元资产、销售良好、资金充裕的企业，连续从事 6 ~ 8 个会计年度的经营活动。企业模拟经营电子沙盘对抗更加激烈，可以把训练的学员分成 6 ~ 22 个组，每组成员 5 ~ 6 人组建虚拟公司。学员从股东那里得到初始资金（资金数额由指导教师决定），自己决定生产什么样的产品。在经营过程中要面对同行竞争、产品老化、市场单一等情况，公司如何保持成功及不断成长，是每位成员面临的重大挑战。该实训涉及整体战略、产品研发、设备投资改造、生产能力规划与排程、物料需求计划、资金需求规划、市场与销售、财务经济指标分析、团队沟通与建设等多个方面的内容。企业模拟经营沙盘实训过程如图 2 - 1 所示。

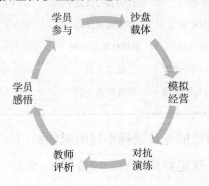

图 2 - 1　企业模拟经营沙盘实训过程

通过企业模拟经营沙盘对抗，学员要在模拟出来的这几年经营中，在客户、市场、资源及利润等方面进行一番真正的较量。这种模拟有助于学员形成宏观规划、战略布局的思维模式。通过这一模拟，学员能够对生产企业各环节的业务形成一致的理性及感性认识，形成共同的思维模式，形成促进沟通的共同语言。企业模拟经营沙盘对抗可帮助学员从高层领导的角度认清企业运营状况，建立企业运营的战略视角，了解企业中物流、资金流、信息流如何做到协同统一，认识到 ERP 系统对于提升公司管理的价值；可以帮助学员从中层经理的角度了解整个公司的运作流程，提高全局和长远策略意识，了解各部门决策对企业业绩产生的影响，同时理解如何利用 ERP 系统处理各项业务和由此带来的决策的准确性；可以帮助学员从一线主管的角度认识企业资源的有限性和企业一线生产研发等部门之间的紧密联系，从而提升其策略性思考能力，提高与下属沟通的技巧；可以帮助学员从企业员工的角度理解市场、财务、业务、工作流程等方面的企业资源运营。

（一）职能定位

在模拟企业中主要设置五个基本职能部门（可根据学员人数适当调整），其主要职责如表 2 - 1 所示。

表 2 - 1　　　　　　　　　　　各职位职责明细表

CEO	财务总监（CFO）	营销总监（CSO）	生产总监	采购总监
制定发展战略	日常财务记账和登账	市场调查分析	产品研发管理	编制采购计划
竞争格局分析	向税务部门报税	市场进入策略	管理体系认证	供应商谈判
经营指标确定	提供财务报表	品种发展策略	固定资产投资	签订采购合同
业务策略制定	日常现金管理	广告宣传策略	编制生产计划	监控采购过程
全面预算管理	企业融资策略制定	制定销售计划	平衡生产能力	仓储管理
管理团队协同	成本费用控制	争取订单与谈判	生产车间管理	采购支付决策
企业绩效分析	资金调度与风险管理	按时交货	成品库存管理	与财务部协调
管理授权与总结	财务分析与协助决策	销售绩效分析	产品外协管理	与生产部协同

各组学员可以根据自己的专长选择不同的职能部门，当人数较多时，可设置助理职位，如财务助理等。确定好职能后，应按图 2 - 2 所示重新落座。

（二）公司成立及 CEO 就职演讲

1. 公司命名

在公司成立之后，每个小组要召开第一次员工大会，大会由 CEO 主持。在这次会议中要为自己组建的公司命名。公司名称对企业未来的发展至关重要，因为公司名称不仅关系到企业在行业内的影响力，还关系到企业所经营的产品投放市场

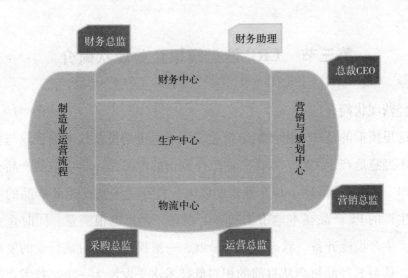

财务总监

财务助理

总裁CEO

财务中心

制造业运营流程

生产中心

营销与规划中心

物流中心

营销总监

采购总监

运营总监

图2-2 各职能部门座位图

后，消费者对本企业的认可度；如果品牌命名或公司名称符合行业特点、有深层次的文化底蕴，同时又能被广大消费者熟知，企业的竞争力会明显区别于行业内的其他企业，也为打造知名品牌奠定了基础。因此各小组要集思广益，为自己的企业起一个响亮的名字。

2. 确定企业使命

"使命"英文为"Mission"，企业使命在企业愿景的基础之上，具体地定义企业在全社会经济领域中所经营的活动范围和层次，具体地表述企业在社会经济活动中的身份或角色。它包括的内容为企业的经营哲学、企业的宗旨和企业的形象。在第一次员工大会上，学员还要集体讨论确定企业的宗旨和企业形象等问题。

3. CEO就职演讲

小组讨论结束后，由CEO代表自己的公司进行就职演讲，阐述一下自己的公司使命与目标等，为下一步具体经营管理企业打下良好的基础。

（三）企业的主要任务

企业的目标就是在资源有限的情况下，追求最大的产出。从外延上看，是追求利润，本质是资源的合理利用。企业模拟经营沙盘实训就是通过对抗的方式来进行相关培训。企业模拟经营沙盘对抗融角色扮演、案例分析和专家诊断于一体，最大的特点是在参与中学习，学员在学习过程中了解现实中的企业状况，在短短几天的训练中，学员会遇到企业经营中经常出现的各种典型问题。

第三节　ERP沙盘模拟企业现状简介

一、经营现状简介

我们这里模拟的是一个生产制造企业，为了避免学员将该模拟企业与他们所熟悉的行业不经意地产生关联，本课程中生产制造的产品是一个虚拟的产品，即P系列产品：P1、P2、P3和P4。该企业长期以来一直专注于某行业P产品的生产与经营，目前生产的P1产品在本地市场知名度很高，客户也很满意。同时企业拥有自己的厂房，生产设施齐备，状态良好。最近，一家权威机构对该行业的发展前景进行了预测，认为P产品将会从目前的相对低技术水平发展为一个高技术产品。为了适应技术发展的需要，公司董事会及全体股东决定将企业交给一批优秀的新人去发展（模拟经营者），他们希望新的管理层能完成以下工作：

（1）投资新产品的开发，使公司的市场地位进一步提升；

（2）开发本地市场以外的其他新市场，进一步拓展市场领域；

（3）扩大生产规模，采用现代化生产手段，努力提高生产效率；

（4）研究在信息时代如何借助先进的管理工具提高企业管理水平；

（5）增强企业凝聚力，形成鲜明的企业文化；

（6）加强团队建设，提高组织效率。

简而言之，随着P行业从相对低水平发展为生产高技术水平的产品，新的管理团队必须创新经营、专注经营，只有这样才能完成公司董事会及全体股东的期望目标，实现良好的经营业绩。

二、经营环境分析

目前，国家经济发展良好，消费者收入稳步提高，P行业将迅速发展。然而该企业生产制造的产品几乎全部在本地销售，董事会和股东认为本地以外以及国外市场有待开发，董事会希望新的管理层去开发这些市场。同时，产品P1在本地市场知名度很高，客户很满意，然而要保持市场地位，特别是进一步提升市场地位，企业必须投资开发新产品，目前已存在一些处于研发中的新产品的项目。在生产设施方面，目前的生产设施状态良好，但是在发展目标的驱使下，必须投资额外的生产设施。具体方法可以是建新厂房或将现有的生产设施现代化。

在行业发展状况方面，P1产品虽然近几年需求较旺，但由于技术水平低，未来销量将会逐渐下降。P2产品是P1的技术改进版，虽然技术优势会带来一定增长，但随着新技术的出现，需求最终还会下降。P3、P4为全新技术产品，发展潜力很大。以上是一家权威的市场调研机构对未来6年P系列产品市场需求的预测，应该说这一预测有着很高的可信度。P1产品是目前市场上的主流技术，P2作为对P1的技术改良产品，也比较容易获得大众的认同。P3和P4产品作为P系列产品里的高端技术产品，各个市场上对它们的认同度不尽相同，需求量与价格也会有较大差异。下面我们根据不同的目标市场进行详细分析。

（一）本地市场分析

如图2-3所示，本地市场将会持续发展，客户对低端产品的需求可能会下滑。伴随着需求的减少，低端产品的价格很有可能会逐步走低。后几年，随着高端产品的成熟，市场对P3、P4产品的需求将会逐渐增大。同时随着时间的推移，客户的质量意识将不断提高，后几年可能会对厂商是否通过ISO 9000认证和ISO 14000认证比较在意。

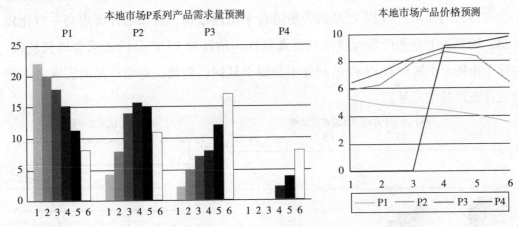

注：左图纵坐标示表数量，横坐标表示年份；右图纵坐标示表价格，横坐标表示年份。

图2-3 本地市场预测图

（二）区域市场分析

如图2-4所示，区域市场的客户对P系列产品的喜好相对稳定，因此，市场需求量的波动也很有可能会比较平稳。因其紧邻本地市场，所以产品需求量的走势可能与本地市场相似，价格趋势也应大致相同。该市场的客户比较乐于接受新的事物，因此对于高端产品也会比较有兴趣。但由于受到地域的限制，该市场的需求总量非常有限。并且这个市场上的客户相对比较挑剔，因此，在以后几年，客户会对厂商是否通过 ISO 9000 认证和 ISO 14000 认证更加在意。

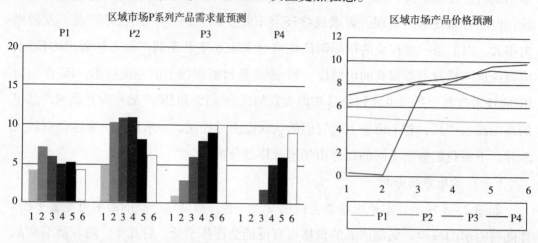

图 2－4　区域市场预测图

（三）国内市场分析

如图 2－5 所示，因为 P1 产品带有较浓的地域色彩，估计国内市场对 P1 产品不会有持久的需求。但 P2 产品因为更适合于国内市场，所以估计需求会一直比较平稳。随着对 P 系列产品新技术的逐渐认同，估计对 P3 产品的需求会增长较快，但这个市场上的客户对 P4 产品却并不是那么认同。当然，高端产品的需求者一定会更注重产品的质量。

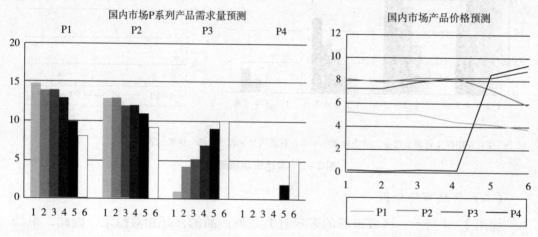

图 2－5　国内市场预测图

（四）亚洲市场分析

如图 2-6 所示，这个市场上的客户喜好一向波动较大，不易把握，所以对 P1 产品的需求可能起伏较大，估计 P2 产品的需求走势也会与 P1 相似。但该市场对新产品很敏感，因此估计对 P3、P4 产品的需求会发展较快，当然，P3、P4 产品价格也可能不菲。另外，这个市场的消费者很看中产品的质量，所以在以后几年里，如果厂商没有通过ISO 9000和 ISO 14000 的认证，其产品可能很难销售。

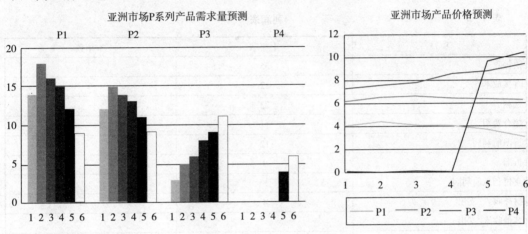

图 2-6　亚洲市场预测图

（五）国际市场分析

如图 2-7 所示，企业进入国际市场可能需要一个较长的时期。有迹象表明，目前这一市场上的客户对 P1 产品已经有所认同，需求也会比较旺盛。对于 P2 产品，客户将会持谨慎态度，因此，P2 产品仍需要一段时间才能被市场所接受。对

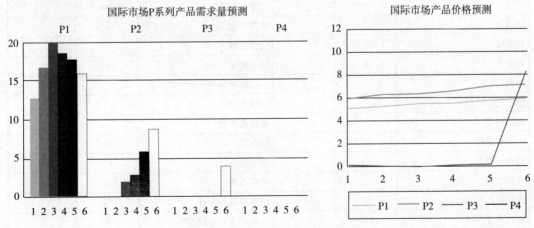

图 2-7　国际市场预测图

于新兴的技术，这一市场上的客户将会以观望为主，因此对 P3 和 P4 产品的需求将会发展极慢。因为产品需求主要集中在低端产品，客户对于 ISO 国际认证的要求并不如其他几个市场那么高，但也不排除在后期会有这方面的要求。

三、财务状况及经营成果模拟

在上届决策者的带领下，企业取得了一定的成绩，具体情况见表 2－2（利润表）和表 2－3（资产负债表）。

表 2－2 利润表

项目	上年数	本年数
销售收入	35	
直接成本	12	
毛利	23	
综合费用	11	
折旧前利润	12	
折旧	4	
支付利息前利润	8	
财务收入/支出	4	
其他收入/支出		
税前利润	4	
所得税	1	
净利润	3	

表 2－3 资产负债表

资产	期初数	期末数	负债和所有者权益	期初数	期末数
流动资产			**负债**		
现金	20		长期负债	40	
应收款	15		短期负债		
在制品	8		应付账款		
成品	6		应交税金	1	
原料	3		一年内到期的长期负债		
流动资产合计	52		负债合计	41	
固定资产			**所有者权益**		
土地和建筑	40		股东资本	50	
机器与设备	13		利润留存	11	
在建工程			年度净利	3	
固定资产合计	53		所有者权益合计	64	
资产总计	105		负债和所有者权益总计	105	

第三章

ERP 沙盘模拟经营规则设定

第一节　初始状态设定

一、初始设置要素

沙盘模拟教学以一套沙盘教具为载体。沙盘教具主要包括：沙盘盘面六张，代表六个相互竞争的模拟企业。沙盘盘面按照制造企业的职能部门划分为四个职能中心，分别是营销与规划中心、生产中心、物流中心和财务中心。各职能中心覆盖了企业运营的所有关键环节——战略规划、市场营销、生产组织、采购管理、库存管理、财务管理等，是一个制造企业的缩影。

二、初始数据设置

初始数据设置如表 3 – 1 所示。

表 3 – 1　　　　　　　　　　　初始数据设置

违约金比例	20.0%	贷款额倍数	3 倍
产品折价率	100.0%	原料折价率	80.0%
长贷利率	10.0%	短贷利率	5.0%
1、2 期贴现率	10.0%	3、4 期贴现率	12.5%
初始现金	600 万元	管理费	10 万元
信息费	1 万元	所得税税率	25.0%
最大长贷年限	5 年	最小得单广告额	1 万元
原料紧急采购倍数	2 倍	产品紧急采购倍数	3 倍
选单时间	45 秒	首位选单补时	20 秒
市场同开数量	2	市场龙头	无
竞单时间	90 秒	竞单同竞数	3
最大厂房数量	4 个		

第二节　企业模拟运营规则说明

一、市场开拓与准入

（一）市场准入投资

市场划分与市场准入规则如表 3 – 2 所示。

表 3 – 2　　　　　　　　　　市场准入规则

市场	开拓费用	持续时间	
区域	1 万元	1 年	开发费用按开发时间在年末平均支付，不允许加速投资，但可中断投资。市场开发完成后，领取相应的市场准入证
国内	2 万元	2 年	
亚洲	3 万元	3 年	
国际	4 万元	4 年	

注：企业目前在本地市场经营，新市场包括区域、国内、亚洲、国际市场，不同市场投入的费用及时间不同，只有市场投入完成后方可在该市场投入广告选单，市场资格获准后仍需每年最少投入 1 万元的市场维护费，否则视为放弃了该市场。

（二）市场认证投资

产品认证规则如表 3 – 3 所示。

表 3 – 3　　　　　　　　　　认证规则

管理体系	ISO 9000	ISO 1400	
建立时间	≥2 年	≥3 年	开发费用按开发时间在年末平均支付，不允许加速投资，但可中断投资。ISO 开发完成后，领取相应的认证
所需投资	1 万元/年	1 万元/年	

注：（1）市场开发：市场开发投资按年度支付，允许同时开发多个市场，但每个市场每年最多投资为 1 万元，不允许加速投资，但允许中断，市场开发完成后持开发费用到指导教师处领取市场准入证，之后才允许进入该市场选单。

（2）ISO 认证：两项认证投资可同时进行或延期，相应投资完成后领取 ISO 资格，研发投资与认证投资计入当年综合费用。

二、厂房及生产线设置

（一）生产线投资

生产线购买、转产与维护、出售规则如表 3 – 4 所示，生产线折旧规则如表 3 – 5 所示。

表 3 – 4　　　　　　　　　生产线相关规则　　　　　　　　　单位：万元

类型	购置费	安装周期	生产周期	总转产费	转产周期	维修费	折旧时间	残值
手工线	35	0	2 个季度	0	0	5	3 年	5
租赁线	0	0	1 个季度	20	1 个季度	70	无	–70
自动线	150	3 个季度	1 个季度	20	1 个季度	15	5 年	30
柔性线	200	4 个季度	1 个季度	0	0	20	5 年	40

表 3 – 5　　　　　　　　　　生产线折旧规则　　　　　　　　　单位：万元

类型	购置费	残值	建成第一年	建成第二年	建成第三年	建成第四年	建成第五年
手工线	35	5	0	10	10	0	0
自动线	150	30	0	30	30	30	30
柔性线	200	40	0	40	40	40	40

注：（1）所有生产线都能生产所有产品，所需支付的人工费均为 1 万元。

（2）购买：投资新生产线时按安装周期平均支付投资，全部投资到位的下一季度领取产品标识，开始生产。

（3）转产：现有生产线转产新产品时可能需要一定转产周期并支付一定的转产费用，最后一笔支付到期一个季度后方可更换产品标识。

（4）维护：当年在建的生产线和当年出售的生产线不用交维护费。

（5）出售：出售生产线时，如果生产线净值小于残值，将净值转换为现金；如果生产线净值大于残值，将相当于残值的部分转换为现金；如果生产线净值大于残值，将相当于残值的部分转换为现金，将差额部分作为费用处理（综合费用——其他）。

（6）折旧：每年按生产线净值的 1/3 取整计算折旧，当年建成的生产线不提折旧，当生产线净值小于 3 万元时，每年提 1 万元折旧。

（二）厂房投资

厂房购买、租赁与出售规则如表 3 – 6 所示。

表 3 – 6　　　　　　　　　厂房购买、租赁与出售规则

厂房	买价	租金	售价	容量	厂房出售得到 4 个账期的应收款，紧急情况下可将厂房贴现（4 个季度贴现），直接得到现金，如厂房中有生产线，同时要扣租金
大厂房	450 万元	45 万元/年	450 万元（4 个季度）	5 条生产线	
中厂房	400 万元	40 万元/年	400 万元（4 个季度）	4 条生产线	
小厂房	330 万元	33 万元/年	330 万元（4 个季度）	3 条生产线	

注：年底决定是购买还是租赁厂房，出售厂房计入 4 个季度应收款，购买后将购买价放在厂房价值处，厂房不提折旧。

三、原材料的采购与产品研发

产品研发相关规则如表 3 – 7 所示。

表 3-7   产品研发相关规则

产品	P2	P3	P4
研发时间	6 个季度	6 个季度	6 个季度
研发投资	6 万元	12 万元	18 万元

注：新产品研发投资可以同时进行，按季度平均支付或延期，资金短缺时可以中断，但必须完成投资后方可接单生产。研发投资计入综合费用，研发投资完成后持全部投资换取产品生产资格证。

产品原材料及成本构成规则如表 3-8 所示。

表 3-8   产品原材料及成本构成规则

名称	研发费用	研发周期	加工费	直接成本	产品组成
P1	10 万元	2 个季度	10 万元	20 万元	R1
P2	10 万元	3 个季度	10 万元	30 万元	R2 + R3
P3	10 万元	4 个季度	10 万元	40 万元	R1 + R3 + R4
P4	10 万元	5 个季度	10 万元	50 万元	R2 + R3 + 2R4

注：（1）R1 红币、R2 橙币、R3 蓝币、R4 绿币均为原材料（假设成本价格与人工相同，均为 1 万元）。

（2）灰币代表货币。

（3）R1、R2 提前一期下订单，R3、R4 提前二期下订单，每个原料价值 10 万元，到期方可取料。

四、融资方式

融资贷款与资金贴现规则如表 3-9 所示。

表 3-9   融资贷款与资金贴现规则

贷款类型	办理时间	最大额度	利息率	还本付息时间	贷/息
长期贷款 5 年	年末	权益 2 倍	10%	年底付息，到期还本	10 万元/1 万元
短期贷款 1 年	季初	上年权益 2 倍	5%	到期还本付息	20 万元/1 万元
资金贴现	任何时间	应收款额		10%（第一季度，第二季度）12.5%（第三季度，第四季度）	变现时贴息，各账期独立贴现

注：①长期贷款每年必须归还利息，到期还本，本利双清后，如果还有额度，允许重新申请贷款。即如果有贷款需要归还，同时还拥有贷款额度，必须先归还到期的贷款，才能申请新贷款。不能以新贷还旧贷（续贷），短期贷款也按本规定执行。

②结束年时，不要求归还没有到期的各类贷款。

③长期贷款最多可贷 5 年。

④所有的贷款不允许提前还款。

五、综合成绩积分说明

本课程属于注重实验过程的课程，因此，其过程性考核要作为考核内容的主体，本套成绩评价体系力求真实反映学生的实际表现及最终收获。考核内容及方法如下：

（一）日常考核（20 分）

此部分占实验总成绩的 20%。成绩评定参照《学生出勤考核规则》；指导教师不定时对学生的实验态度、实际出勤情况和实验表现以及操作情况进行评定。

（二）沙盘模拟对抗实验考核（50 分）

此部分占实验总成绩的 50%。其中成绩排名 10 分，经营记录全面 20 分，团队配合 10 分，运作规范 10 分，以上分数按每组实际表现加减。

（三）公司经营分析报告（30 分）

此部分占实验总成绩的 30%。企业经营分析报告撰写要求及评分标准如下：

（1）3000 字以上，图、表、文字配置实用、合理；排版美观、大方简洁、实用，格式合理，无错别字、病句。

（2）理论分析与实战操作结合，注重发现问题、分析问题和解决问题；经营财务统计数据占有充分，运用合理；具有创新思维。

（3）结构合理、条理清楚，观点准确，论证有说服力；解决问题建议具体、可操作，有说服力。

实训结束后，每个小组都会有一个实训成绩，按照总成绩的排名来确定实训成果，但是实训成果并不能充分反映学生的真实学习情况。虽然有的组破产了，但是在运营过程中，小组成员可能一直积极参与，从实训过程中领悟到很多经营的真谛，所以下面给出一种较为科学的成绩评定方式，以供参考。

实训成绩＝实训成果（60%）＋学生表现（10%）＋总结（30%）

（1）实训成果

此次实训中可以把学员分成若干组，每组 5～6 名成员，分别代表不同的公司，每个小组的成员分别担任公司中的重要职位——CEO、CFO、市场总监、生产总监和采购总监，如果成员为 6 名，还可以设置 CFO 助理等职务。各公司属于同一行业的竞争者，初始资源相同，大家在相同的竞争环境下进行一番真正的较量。最后根据企业的所有者权益、综合发展系数等对各个企业进行综合排名，得出实训成果。

实训成果=所有者权益×（1+企业综合发展潜力/100）–罚分

（2）学生表现

各企业中岗位分工是否明确、是否各司其职，团队合作程度、每个成员的参与程度和出勤率，以及各种表格如运营表、综合费用表、利润表、资产负债表、现金预算表、采购计划表等的填写，都可以列为学生表现的评价内容。每个企业内部评选出最佳员工，指导教师可以在学生表现这部分进行加分。

（3）总结

总结包括个人总结和团队总结。个人总结是实训结束后每位同学上交的实训报告，总结一下这几天自己的表现、体会，自己在企业中所起的作用以及通过企业模拟经营的运作对哪些理论知识有了更深的体会。团队总结是以团队的形式上交的一份PPT，在全班总结时由团队代表利用多媒体向全班同学进行讲解和分享，主要分享的内容包括本企业的企业文化、成员构成、整体战略、广告策略、市场定位、企业运营得失等。

六、其他

特别事项解析：

（一）紧急采购

（1）付款即到货，原材料价格为直接成本的2倍，成品价格为直接成本的3倍。

（2）紧急采购原材料和产品时，直接扣除现金。上报报表时，成本仍然按照标准成本记录，紧急采购多付出的成本计入费用表损失项。

（二）选单规则

投放5万元广告有一次选单机会，每增加10万元多一次机会，广告投放可以为6万元、17万元。

1. 选单顺序

（1）以本市场、本产品广告额投放大小顺序依次选单；

（2）如果两队本市场本产品广告额相同，则看本市场所有产品广告投放总额；

（3）如果本市场所有产品广告投放总额也相同，则看上年本市场销售排名；

（4）如仍无法决定，先投广告者先选单，依据系统时间确定；

（5）第一年无订单。

2. 开单顺序

（1）选单时，两个市场同时开单，各队需要同时关注两个市场的选单进展；

（2）当其中一个市场结束时，第三个市场立即开单，即任何时候都会有两个市场同开，直到最后只剩下一个市场选单未结束；

（3）市场开放顺序分别为本地+区域、国内、亚洲、国际；

（4）各市场内产品按P1、P2、P3、P4、P5顺序独立放单；

（5）选单时各队需要点击相应"市场"按钮，一个市场选单结束后，系统不会自动跳到新开放的市场。

提请注意：

（1）出现确认框要在倒计时大于10秒时按下确认按钮，否则可能造成选单无效；

（2）在某细分市场（如本地、P1）有多次选单机会，只要放弃一次，则视同放弃该细分市场所有选单机会。

（三）竞单会

系统一次同时放3张订单同时竞标，并显示所有订单。

参与竞标的订单标明了订单编号、市场、产品、数量、ISO要求等，而总价、交货期、账期三项为空。竞标订单的相关要求说明如下：

竞拍会的单子，价格、交货期、账期都是根据各个小组的情况自己填写选择的，系统默认的总价是成本价，交货期为1期交货，账期为4账期，如要修改需要手工修改。

1. 投标资质

参与投标的公司需要有相应市场或ISO认证的资质，但不必有生产资格。

中标的公司需为该单支付5万元中标服务费，在竞标会结束后一次性扣除，计入广告费中。

为防止恶意竞单，对竞得单张数进行限制，如果 ｛某队已竞得单张数 > ROUND（3×该年竞单总张数/参赛队数）｝，则不能继续竞单。

提请注意：

（1）ROUND表示四舍五入；

（2）如上式为等于，可以继续参与竞单；

（3）参赛队数指经营中的企业数，若破产继续经营也算在其内，破产退出经营则不算在内。

2. 投标

参与投标的公司须根据所投标的订单，在系统规定时间（90 秒，以倒计时秒形式显示）内填写总价、交货期、账期三项内容，确认后系统按照以下公式计算得分。

得分 = 100 + ［（5 − 交货期）×2 +（应收账期 − 8）］×总价/（该产品直接成本 × 数量）

得分最高者中标。如果计算分数相同，则先提交者中标。

提请注意：

（1）总价不能低于（可以等于）成本价，也不能高于（可以等于）成本价的三倍；

（2）必须为竞单留足时间，如在倒计时小于或等于 10 秒再提交，可能无效；

（3）竞得订单与选中订单一样，算作市场销售额；

（4）竞单时不允许紧急采购，不允许市场间谍行为；

（5）破产队不可以参与投标竞单。

（四）订单规则

（1）交货：订单必须在规定季度，可以提前交货，但不可推后，推后即违约。

（2）应收账款：应收账期从交货季开始算起。应收款收回由系统自动完成，不需要各队填写收回金额。

（3）违约：在订单规定交货季度未交货，系统收回订单，同时按照订单销售金额的 20% 罚款。罚款在当年结束时现金扣除，罚款计入损失。

（五）取整规则（均精确或舍到个位整数）

（1）违约金扣除——四舍五入（每张单分开算）；

（2）库存拍卖所得现金——四舍五入；

（3）贴现费用——向上取整；

（4）扣税——四舍五入；

（5）长短贷利息——四舍五入。

（六）特殊费用项目

（1）损失：库存折价拍卖、生产线变卖、紧急采购、订单违约计入综合费用“其他损失”中；

（2）融资：增减资计入股东资本或特别贷款（均不计算所得税）。

提请注意：增资只适用于破产队。

（七）重要参数

系统参数

违约金比例	20	%	贷款额倍数	3	倍
产品折价率	100	%	原料折价率	80	%
长贷利率	12	%	短贷利率	7	%
1，2期贴现率	10	%	3，4期贴现率	12.5	%
初始现金	600	W	管理费	10	W
信息费	1	W	所得税率	25	%
最大长贷年限	5	年	最小得单广告额	10	W
原料紧急采购倍数	2	倍	产品紧急采购倍数	3	倍
选单时间	50	秒	首位选单补时	25	秒
市场同开数量	2	个	市场龙头	◉ 无 ○ 有	
竞单时间	90	秒	竞单同竞数	3	个

图3－1　重要参数截图

（1）每个市场每产品选单时第一个队选单时间为75秒，自第二个队起，选单时间设为50秒；

（2）信息费1万元/次/队，即交1万元可以查看一队企业信息，交费企业以EXCEL表格形式获得被间谍企业详细信息（电脑操作页面如图3－2、图3－3所示）。

（八）竞赛排名

完成预先规定的经营年限后进行评分，分数高者为优胜。

总成绩＝所有者权益×（1＋企业综合发展潜力/100）－罚分

综合发展潜力＝生产线分值＋厂房分值（购买）＋市场研发＋ISO资格认证＋产品研发

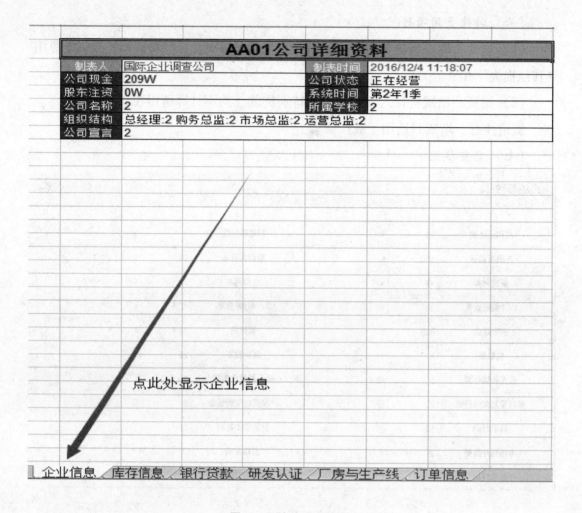

图 3-2　查询企业信息

提请注意：

（1）如有多支队伍分数相同，则第六年末所有者权益排名高者在前，若第六年末权益仍相同则最后一年在系统中先结束经营（而非指在系统中填制报表）者排名靠前。

（2）生产线建成（需交过维修费）即加分，无需生产出产品，也无需有在制品。手工线、租赁线不加分。

（九）破产处理

当参赛队权益为负（指当年结束系统生成资产负债表时为负）或现金断流时（权益和现金可以为零），企业破产。

厂房信息								
ID	名称	状态	容量	购价	租金	售价	最后付租	置办时间
1	大厂房	租用	0/4	300W	40W/年	300W	第1年2季	第1年2季

生产线信息										
ID	名称	厂房	产品	状态	累计折旧	开产时间	转产时间	剩余时间	建成时间	开建时间
1	自动线	大厂房(1)	P3	在建	0W	-	-	0季	-	第1年2季
2	自动线	大厂房(1)	P3	在建	0W	-	-	0季	-	第1年2季
3	自动线	大厂房(1)	P3	在建	0W	-	-	0季	-	第1年2季
4	自动线	大厂房(1)	P3	在建	0W	-	-	0季	-	第1年2季

点此处查看厂房和生产线

企业信息	库存信息	银行贷款	研发认证	厂房与生产线	订单信息

图 3 - 3　查询厂房与生产线信息

　　参赛队破产后，可由指导教师视情况适当增资后继续经营。破产队不参加有效排名。

　　为了确保破产队不过多，以免影响课堂的正常进行，限制破产队每年用于广告投放总和不能超过 60 万元，单个市场不超过 30 万元，不允许参加竞单。

七、商战版电子沙盘操作流程简介

　　在初次接触沙盘时，往往不知道该怎样在沙盘上操作，常常出现手忙脚乱的情况。本次任务就是结合企业运营规则，解决运营过程中的操作问题。首先介绍沙盘企业在运营过程中，年初应当做什么以及怎样做；其次，按流程分别介绍在运营过程中如何进行规范的操作，防止出现由于操作失误影响结果的情况；最后，介绍年末应当做的各项工作。

　　企业制定新年度计划后，就可以按照运营规则和工作计划进行经营了。沙盘企业日常运营应当按照一定的流程进行，这个流程就是任务清单。任务清单反映了企业在运行过程中各项工作的先后顺序，企业必须按照这个顺序来运营。

（一）线下操作流程——年初工作

一年之际在于春。在一年之初，企业应当谋划全年的经营，预测可能出现的问题和情况，分析可能面临的问题和困难，寻找解决问题的途径和办法，使企业未来的经营活动处于掌控之中。为此，首先应当召集各位业务主管召开新年度规划会议，初步制定企业本年度的投资规划，接着，营销总监参加一年一度的产品订货会，竞争本年度的销售订单；然后，根据销售订单情况，调整企业本年度的投资规划，制定本年度的工作计划，开始本年度的各项工作。

1. 新年度规划会议

常言道："预则立，不预则废。"在开始新的一年经营之前，CEO 应当召集各位业务主管召开新年度规划会议，根据各位主管掌握的信息和企业的实际情况，初步提出企业在新一年的各项投资规划，包括市场和认证开发、产品研发、设备投资、生产经营等规划。同时，为了能准确地在一年一度的产品订货会上争取销售订单，还应当根据规划精确地计算出企业在该年的产品完工数量，确定企业的可接订单数量。

（1）新年度全面规划。新年度规划涉及到企业在新的一年如何开展各项工作的问题。通过制定新年度规划，可以使各位业务主管做到在经营过程中胸有成竹，知道自己在什么时候该干什么，可以有效预防经营过程中决策的随意性和盲目性，减少经营失误；同时，在制订新年度规划时，各业务主管已经就各项投资决策达成共识，可以使各项经营活动有条不紊地进行，可以有效提高团队的合作精神，鼓舞士气，提高团队的战斗力和向心力，使团队成员之间更加团结、协调、和谐。

新年度全面规划内容涉及到企业的发展战略规划、投资规划、生产规划和资金筹集规划等。要作出科学合理的规划，企业应当结合目前和未来的市场需求、竞争对手可能的策略以及本企业的实际情况进行。在进行规划时，企业首先应当对市场进行准确预测，包括预测各个市场产品的需求状况和价格水平，预测竞争对手可能的目标市场和产能情况，预测各个竞争对手在新的一年的资金状况（资金的丰裕和不足将极大地影响企业的投资和生产），在此基础上，各业务主管提出新年度规划的初步设想，大家就此进行论证，最后，在权衡各方利弊得失后，作出企业新年度的初步规划。

（2）市场开拓规划。企业只有开拓了市场才能在该市场销售产品。企业拥有的市场决定了企业产品的销售渠道。开拓市场投入资金会导致企业当期现金的流出，增加企业当期的开拓费用，减少当期的利润。所以，企业在制定市场开拓规划时，应当考虑当期的资金情况和所有者权益情况。只有在资金有保证、减少的利润不会对企业造成严重后果（比如由于开拓市场增加费用而使企业所有者权益为负数）时才能进行。在进行市场开拓规划时，企业主要应当明确以下几个问题：

● 企业的销售策略是什么？企业可能会考虑哪个市场产品价格高就进入哪个市场，也可能是哪个市场需求大就进入哪个市场，也可能两个因素都会考虑。企业应当根据销售策略明确需要开拓什么市场、开拓几个市场。

企业的目标市场是什么？企业应当根据销售策略和各个市场产品的需求状况、价格水平、竞争对手的情况等明确企业的目标市场。

● 什么时候开拓目标市场？在明确了企业的目标市场后，还涉及到什么时候进入目标市场的问题，企业应当结合资金状况和产品生产情况明确企业目标市场的开拓时间。

（3）ISO认证开发规划。企业只有取得ISO认证资格，才能在竞单时取得标有ISO条件的订单。不同的市场、不同的产品、不同的时期，对ISO认证的要求是不同的，不是所有的市场在任何时候对任何产品都有ISO认证要求。所以，企业应当对是否进行ISO认证开发进行决策。同样，要进行ISO认证，就需要投入资金。如果企业决定进行ISO认证开发，也应当考虑对资金和所有者权益的影响。ISO认证开发是分期投入的，因此，在进行开发规划时，应当考虑以下几个问题：

● 开发何种认证？ISO认证包括ISO 9000认证和ISO 14000认证。企业可以只开发其中的一种或者两者都开发。到底开发哪种，取决于企业的目标市场对ISO认证的要求，取决于企业的资金状况。

● 什么时候开发？ISO认证开发可以配合市场对认证要求的时间来进行。企业可以从有关市场预测的资料中了解市场对认证的要求情况。一般而言，时间越靠后，市场对认证的要求会越高。企业如果决定进行认证开发，在资金和所有者权益许可的情况下，可以适当提前开发。

（4）产品研发投资规划。企业在经营前期，产品品种单一，销售收入增长缓慢。企业如果要增加收入，就必须多销售产品。而要多销售产品，除了销售市场要足够多之外，还必须要有多样化的产品，因为每个市场对单一产品的需求总是有限的。为此，企业需要作出是否进行新产品研发的决策。企业如果要进行新产品的研发，就需要投入资金，同样会影响当期现金流量和所有者权益。所以，企业在进行产品研发投资规划时，应当注意以下几个问题：

* 企业的产品策略是什么？企业可以研发的产品品种多样，因此，企业需要作出研发哪几种产品的决策。由于资金、产能的原因，企业一般不同时研发所有的产品，而是根据市场的需求和竞争对手的情况，选择其中的一种或两种进行研发。

* 企业从什么时候开始研发哪些产品？企业决定要研发产品的品种后，需要考虑的就是什么时候开始研发以及研发什么产品的问题。不同的产品可以同时研发，也可以分别研发。企业可以根据市场、资金、产能、竞争对手的情况等来确定。

（5）设备投资规划。企业生产设备的数量和质量影响产品的生产能力。企业要提高生产能力，就必须对落后的生产设备进行更新，补充现代化的生产设备。要更新设备，需要用现金支付设备款，支付的设备款计入当期的在建工程，设备安装完成后，增加固定资产。所以，设备投资支付的现金不影响当期的所有者权益，但会影响当期的现金流量。正是因为设备投资会影响现金流量，所以，在设备投资时，应当重点考虑资金的问题，防止出现由于资金问题而使投资中断，或者投资完成后由于没有资金不得不停工待料等情况。企业在进行设备投资规划时，应当考虑以下几个问题：

* 新的一年，企业是否要进行设备投资？应当说，每个企业都希望扩大产能、扩建生产线、改造落后的生产线，但扩建或更新生产线涉及时机问题。一般而言，企业如果资金充裕，未来市场容量大，就应当考虑进行设备投资，扩大产能。反之，就应当暂缓或不进行设备投资。

* 扩建或更新什么生产线？由于生产线有手工、半自动、全自动和柔性四种，这就涉及该选择什么生产线的问题。一般情况下，企业应当根据资金状况和生产线是否需要转产等作出决策。

* 扩建或更新几条生产线？如果企业决定扩建或更新生产线，还涉及具体的数量问题。扩建或更新生产线的数量，一般根据企业的资金状况、厂房内生产线位

置的空置数量、新研发产品的完工时间等来确定。

• 什么时候扩建或更新生产线？如果不考虑其他因素，应该说生产线可以在流程规定的每个季度进行扩建或更新，但实际运作时，企业不得不考虑当时的资金状况、生产线完工后上线的产品品种、新产品研发完工的时间等因素。一般而言，如果企业有新产品研发，生产线建成的时间最好与其一致（柔性和手工线除外），这样可以减少转产和空置的时间。从折旧的角度看，生产线的完工时间最好在某年的第一季度，这样可以相对减少折旧费用。

2. 确定可接订单的数量

在召开新年度规划会议以后，企业要参加一年一度的产品订货会。企业只有参加产品订货会，才能争取到当年的产品销售订单。在产品订货会上，企业要准确拿单，就必须准确计算出当年的产品完工数量，据此确定企业当年甚至每一个季度的可接订单数量。企业某年某产品可接订单数量的计算公式为：

某年某产品可接订单数量 = 年初该产品的库存量 + 本年该产品的完工数量

式中，年初产品的库存量可以从沙盘盘面的仓库中找到，也可以从营销总监的营运记录单中找到（实际工作中从有关账簿中找到）。这里最关键的是确定本年产品的完工数量。

完工产品数量是生产部门通过排产来确定的。在沙盘企业中，生产总监根据企业现有生产线的生产能力，结合企业当期的资金状况确定产品上线时间，再根据产品的生产周期推算产品的下线时间，从而确定出每个季度、每条生产线产品的完工情况。为了准确测算产品的完工时间和数量，沙盘企业可以通过编制"产品生产计划"来进行。当然，企业也可以根据产品上线情况同时确定原材料的需求数量，这样两者结合，既可确定产品的完工时间和完工数量，同时又可以确定每个季度原材料的需求量。下面举例介绍该计划的编制方法，企业某年年初有手工生产线、半自动生产线和全自动生产线各一条（全部空置），预计从第一季度开始在手工生产线上投产 P1 产品，在半自动和全自动生产线上投产 P2 产品（假设产品均已开发完成，可以上线生产；原材料能满足生产需要）。我们可以根据各生产线的生产周期编制产品生产及材料需求计划，企业从第一季度开始连续投产加工产品，第一年第一季度没有完工产品，第二季度完工 1 个 P2 产品，第三季度完工 2 个 P2 产品，第四季度完工 1 个 P1 产品和 1 个 P2 产品。同时，我们还可以看出企业每个季度的原材料需求数量。根据该生产计划提供的信息，营销总监能够确定可接订单数量，采购总监可以以此作为企业材料采购的依据。

需要注意的是，在编制"产品生产及材料需求计划"时，企业首先应明确产品在各条生产线上的投产时间，然后根据各生产线的生产周期推算每条生产线投产产品的完工时间，最后，将各条生产线完工产品的数量加总，得出企业在某一时期每种产品的完工数量。同样，依据生产与用料的关系，企业根据产品的投产数量可以推算出各种产品投产时需要投入的原材料数量，然后将各条生产线上需要的原材料数量加总，可以得到企业每个季度所需要的原材料数量。采购总监可以根据该信息确定企业需要采购什么、什么时间采购、采购多少等。

3. 参加订货会、支付广告费、登记销售订单

销售产品必须要有销售渠道。对于沙盘企业而言，销售产品的唯一途径就是参加产品订货会，争取销售订单。参加产品订货会需要在目标市场投放广告费，只有投放了广告费，企业才有资格在该市场争取订单。

在参加订货会之前，企业需要分市场、分产品在"竞单表"上登记投放的广告费金额。"竞单表"是企业争取订单的唯一依据，也是企业当期支付广告费的依据，应当采取科学的态度，认真对待。

一般情况下，营销总监代表企业参加订货会，争取销售订单。但为了从容应对竞单过程中可能出现的各种复杂情况，企业也可由营销总监与CEO或采购总监一起参加订货会。竞单时，应当根据企业的可接订单数量选择订单，尽可能按企业的产能争取订单，使企业生产的产品在当年全部实现销售。应当注意的是，企业争取的订单一定不能突破企业的最大产能，否则将造成不能按期交单，这会给企业带来巨大的损失。

沙盘企业中，广告费一般在参加订货会后一次性支付。所以，企业在投放广告时，应当充分考虑企业的支付能力。也就是说，投放的广告费一般不能突破企业年初未经营前现金库中的现金余额。

为了准确掌握销售情况，科学制定本年度工作计划，企业应将参加订货会争取的销售订单进行登记。拿回订单后，财务总监和营销总监分别在任务清单的"订单登记表"中逐一对订单进行登记。为了将已经销售和尚未销售的订单进行区分，营销总监在登记订单时，只登记订单号、销售数量、账期，暂时不登记销售额、成本

和毛利，当产品销售时，再进行登记。

4. 制订新年度计划

企业参加订货会取得销售订单后，已经明确了当年的销售任务。企业应当根据销售订单对前期制定的新年度规划进行调整，并制订新年度工作计划。新年度工作计划是企业在新的一年为了开展各项经营活动而事先进行的工作安排，它是企业执行各项任务的基本依据。新年度工作计划一般包括投资计划、生产计划、销售计划、采购计划、资金筹集计划等。沙盘企业中，当企业取得销售订单后，企业的销售任务基本明确，不需要再制订销售计划了。因此，企业的新年度计划主要围绕生产计划、采购计划和资金的筹集计划来进行。

为了使新年度计划更具有针对性和科学性，计划一般是围绕预算来制订的。预算可以将企业的经营目标分解为一系列具体的经济指标，使生产经营目标进一步具体化，并落实到企业的各个部门，这样企业的全体员工就有了共同努力的方向。沙盘企业中，通过编制预算，特别是现金预算，可以在企业经营之前预见经营过程中可能出现的现金短缺或盈余，便于企业安排资金的筹集和使用；同时，通过预算，可以对企业的规划及时进行调整，防止出现由于资金断流而破产的情况。

现金预算，首先需要预计现金收入和现金支出。实际工作中，现金收入和支出只能进行合理预计，很难进行准确测算。沙盘企业中，现金收入相对比较单一，主要是销售产品收到的现金，可以根据企业的销售订单和预计交单时间准确地估算。现金支出主要包括投资支出、生产支出、采购材料支出、综合费用支出和日常管理费用支出等。这些支出可以进一步分为固定支出和变动支出两部分。固定支出主要是投资支出、综合费用支出、管理费用支出等，企业可以根据规则和企业的规划准确计算。变动支出是随产品生产数量的变化而变化的支出，主要是生产支出和材料采购支出。企业可以根据当年的生产线和销售订单情况安排生产，在此基础上通过编制"产品生产与材料需求计划"，准确地测算出每个季度投产所需要的加工费。同时，根据材料需求计划确定材料采购计划，准确确定企业在每个季度采购材料所需要的采购费用。这样，通过预计现金收入和现金支出，可以比较准确地预计企业现金的短缺或盈余。如果现金短缺，就应当想办法筹集资金，如果不能筹集资金，就必须调整规划或计划，减少现金支出。反之，如果现金有较多盈余，可以调整规划或计划，增加长期资产的投资，增强企业的后续发展实力。

实际工作中，企业要准确编制预算，首先应预计预算期产品的销售量，在此基础上编制销售预算，预计现金收入。之后，编制生产预算和费用预算，预计预算期的现金支出，最后编制现金预算。沙盘企业中，预算编制的程序与实际工作基本相同，但由于业务简化，可以采用简化的程序，即根据销售订单，先编制产品生产计划，再编制材料采购计划，最后编制现金预算。

（1）产品生产计划

沙盘企业中，编制产品生产计划的主要目的是为了确定产品投产的时间和投产的品种（当然也可以预计产品完工的时间），从而预计产品投产需要的加工费和原材料。产品生产计划主要包括产品生产及材料需求计划、开工计划、原材料需求计划等。

前面已经介绍，企业在参加订货会之前，为了准确计算新的一年产品的完工数量，已经根据自己的生产线情况编制了"产品生产及材料需求计划"。但由于取得的销售订单可能与预计有差异，企业有时需要根据取得的销售订单对产品生产计划进行调整，为此，就需要重新编制该计划。然后，企业根据确定的新的"产品生产及材料需求计划"，编制"开工计划"和"材料需求计划"。

"开工计划"是生产总监根据"产品生产及材料需求计划"编制的，它将各条生产线产品投产数量按产品加总，将分散的信息集中在一起，可以直观看出企业在每个季度投产了哪些产品、分别有多少。同时，根据产品的投产数量，能够准确确定出每个季度投产产品所需要的加工费。财务总监根据该计划提供的加工费信息编制现金预算。下面举例说明如何根据"产品生产及材料需求计划"编制企业的"开工计划"。

假设从"产品生产及材料需求计划"可以看出，企业在第一季度投产 1 个 P1、2 个 P2，共计投产 3 个产品。根据规则，每个产品上线需投入加工费 1 万元，第一季度需要 3 万元的加工费。同样，企业根据产品投产数量可以推算出第二、第三、第四季度需要的加工费。

生产产品必须要有原材料，没有原材料就无法进行产品生产。企业要保证材料的供应，就必须事先知道企业在什么时候需要什么材料、需要多少。企业可以根据"产品生产及材料需求计划"编制"材料需求计划"，确定企业在每个季度所需要的材料。"材料需求计划"可以直观反映企业在某一季度所需要的原材料数量，采购总监可以据此订购所需要的原材料，保证原材料的供应。

（2）材料采购计划

企业要保证材料的供应，必须提前订购材料。实际工作中，采购材料可能是现款采购，也可能是赊购。沙盘企业中，一般采用的是现款采购的规则。也就是说，订购的材料到达企业时，必须支付现金。

材料采购计划相当于实际工作中企业编制的"直接材料预算"，它是以生产需求计划为基础编制的。在编制材料采购计划时，主要应当注意三个问题：

第一，订购的数量。订购材料的目的是为了保证生产的需要，如果订购过多，占用了资金，会造成资金使用效率的下降；订购过少，将不能满足生产的需要。所以，材料的订购数量应当以既能满足生产需要，又不造成资金积压为原则，尽可能做到材料零库存。为此，应当根据原材料的需要量和原材料的库存数量来确定原材料的订购数量。

第二，订购的时间。一般情况下，企业订购的材料当季度不能入库，要在下一个季度或下两个季度才能到达企业，为此，企业在订购材料时，应当考虑材料运输的时间，即材料提前订货期。

第三，采购材料付款的时间和金额。采购的材料一般在入库时付款，付款的金额就是材料入库应支付的金额。如果订购了材料，就必须按期购买。当期订购的材料不需要支付现金。

企业编制材料采购计划，可以明确企业订购材料的时间，采购总监可以根据该计划订购材料，防止多订、少订、漏订材料，保证生产的需要。同时，财务总监根据该计划可以了解企业采购材料的资金需要情况，及时纳入现金预算，保证资金的供应。

下面举例说明如何根据"材料需求计划"编制企业的材料采购计划。

假设从材料需求计划中可以看出，企业在每个季度都需要一定数量的 R1 和 R2 原材料，根据规则，R1 和 R2 材料的提前订货期均为一个季度，也就是说，企业需要提前一个季度订购原材料。比如，企业在本年第一季度需要 3 个 R1 和 2 个 R2，则必须在上年的第四季度订购。当上年第四季度订购的材料在本年第一季度入库时，需要支付材料款 5 万元。同样，企业可以推算在每个季度需要订购的原材料以及付款的金额。据此，采购总监编制材料采购计划。

（3）现金预算

企业在经营过程中，常常出现现金短缺的"意外"情况，正常经营不得不中断，搞得经营者焦头烂额。其实，仔细分析我们会发现，这种"意外"情况的发生不外乎两个方面的原因：第一，企业没有正确编制预算，导致预算与实际严重脱节；第二，企业没有严格按计划进行经营，导致实际严重脱离预算。为了合理安排和筹集资金，企业在经营之前应当根据新年度计划编制现金预算。

现金预算是有关预算的汇总，由现金收入、现金支出、现金多余或不足、资金的筹集和运用四个部分组成。现金收入部分由期初现金余额和预算期现金收入两部分构成。现金支出部分包括预算的各项现金支出。现金多余或不足是现金收入合计与现金支出合计的差额。差额为正，说明收入大于支出，现金有多余，可用于偿还借款或用于投资；差额为负，说明支出大于收入，现金不足，需要筹集资金或调整规划或计划，减少现金支出。资金的筹集和运用部分是指当企业现金不足或富余时，需筹集或使用的资金。

沙盘企业中，企业取得销售订单后，现金收入基本确定。当企业当年的投资和生产计划确定后，企业的现金支出也基本确定，因此企业能够通过编制现金预算准确预计企业经营期的现金多余或不足，从而有效预防"意外"情况的发生。如果企业通过编制现金预算发现资金短缺，而且通过筹资仍不能解决，则应当修订企业当年的投资和经营计划，最终使企业的资金满足需要。

"现金预算表"的格式有多种，企业可以根据实际需要来设计。下面我们介绍其中的一种，这种格式是根据沙盘企业的运营规则设计的。下面简要举例介绍"现金预算表"的编制。根据前面的资料，编制该企业该年的现金预算表。假设该企业有关现金预算资料如下：

年初现金：18 万元；

上年应交税金：0；

支付广告费：8 万元；

应收款到期：第一季度 15 万元，第二季度 8 万元，第三季度 8 万元，第四季度 18 万元；

年末偿还长期贷款利息：4 万元；

年末支付设备维护费：2 万元。

投资规划：从第一季度开始连续开发 P2 和 P3 产品，开发国内和亚洲市场，同时进行 ISO 9000 和 ISO 14000 认证，从第三季度开始购买安装两条全自动生产线。产品生产及材料采购需要的资金见前面的"开工计划"和"材料采购计划"。我们可以根据该规划，并结合生产计划和材料采购计划，编制该企业的现金预算表（如表 3 – 10 所示）。

表 3 – 10　　　　　　　　　　　　　现金预算表

企业经营流程 请按顺序执行下列各项操作。	每执行完一项操作，CEO 在相应的方格内打钩。 财务总监（助理）在方格中填写现金收支情况。			
新年度规划会议				
年初库存现金				
支付应付税				
市场广告投入				
支付长贷利息				
申请长期贷款				
季初盘点				
贴现额				
贴现利息				
短期贷款还本付息				
申请短期贷款				
原材料入库/更新原料订单				
购买、租用厂房				
生产线投资				
转产费用				
紧急采购				
开始下一批生产				
收到现金前所有支出				
应收款到期				
产品研发投资				
支付行政管理费				
市场开拓投资				
ISO 资格认证投资				
支付设备维护费				
现金收入合计				
现金支出合计				
期末现金对账（请填余额）				

从以上该企业的假设现金预算资料可以看出，企业在第一、第二、第三季度收到现金前的支付都小于或等于期初的现金，而且期末现金都大于零，说明现金能满足需要。第三季度末，企业现金余额为 4 万元，也就是说，第四季度期初库存现金为 4 万元，但第四季度在收到现金前的现金支出为 13 万元，小于可使用的资金，因此，企业必须在第三季度或第四季度初筹集资金。因为企业可以在每季度初借入短期借款，所以企业应当在第四季度初贷入 20 万元的短期贷款。

综上，企业为了合理组织和安排生产，在年初首先应当编制"产品生产及材料需求计划"，明确企业在计划期内根据产能所能生产的产品数量，营销总监可以根据年初库存的产品数量和计划年度的完工产品数量确定可接订单数量，并根据确定的可接订单数量参加产品订货会。订货会结束后，企业根据确定的计划年度产品销售数量安排生产。为了保证材料的供应，生产总监根据确定的生产计划编制"材料需求计划"，采购总监根据生产总监编制的"材料需求计划"编制"材料采购计划"。财务总监根据企业规划确定的费用预算、生产预算和材料需求预算编制资金预算，明确企业在计划期内资金的使用和筹集。

5. 支付应付税

依法纳税是每个公民应尽的义务。企业在年初应支付上年应交的税金。企业按照上年资产负债表中"应交税金"项目的数值交纳税金。交纳税金时，财务总监从现金库中拿出相应现金放在沙盘"综合费用"的"税金"处，并在运营任务清单对应的方格内记录现金的减少数。应付税金计算方法：税前利润为负不交税；税前利润为正，看利润留存，利润留存也为正，直接用税前利润乘以 25%；如果利润留存为负，应用税前利润减去负的部分再乘以 25%。

为了对沙盘企业的日常运营有一个详细的了解，这里，我们按照任务清单的顺序，对日常运营过程中的操作要点进行介绍（企业运营任务清单见表 3-11）。

企业每季度操作流程如下：

1. 季初盘点

为了保证账实相符，企业应当定期对企业的资产进行盘点。沙盘企业中，企业的资产主要包括现金、应收账款、原材料、在产品、产成品等流动资产，以及在建工程、生产线、厂房等固定资产。盘点的方法主要采用实地盘点法，就是对沙盘盘面的资产逐一清点，确定出实有数，然后将任务清单上记录的余额与其核对，最终确定出余额。

盘点时,CEO指挥、监督团队成员各司其职,认真进行。如果盘点的余额与账面数一致,各成员就将结果准确无误地填写在任务清单的对应位置。季初余额等于上一季度末余额,由于上一季度末刚盘点完毕,所以可以直接根据上季度的季末余额填入。

表3-11 企业运营任务清单（1~6年）

企业经营流程 请按顺序执行下列各项操作。	每执行完一项操作,CEO请在相应的方格内打钩。 财务总监（助理）在方格中填写现金收支情况。			
新年度规划会议				
年初库存现金				
支付应付税				
市场广告投入				
支付长贷利息				
申请长期贷款				
季初盘点				
贴现额				
贴现利息				
短期贷款还本付息				
申请短期贷款				
原材料入库/更新原料订单				
购买、租用厂房				
生产线投资				
转产费用				
紧急采购				
开始下一批生产				
收到现金前所有支出				
应收款到期				
产品研发投资				
支付行政管理费				
市场开拓投资				
ISO资格认证投资				
支付设备维护费				
现金收入合计				
现金支出合计				
期末现金对账（请填余额）				

操作要点如下：

（1）财务总监：根据上季度末的现金余额填写本季度初的现金余额。第一季度现金账面余额的计算公式：

年初现金余额 = 上年末库存现金 − 支付的本年广告费 − 支付上年应交的税金 + 其他收到的现金

（2）采购总监：根据上季度末库存原材料数填写本季度初库存原材料数。

（3）生产总监：根据上季度末库存在产品数量填写本季度初在产品数量。

（4）营销总监：根据上季度末产成品数量填写本季度初产成品数量。

（5）CEO：在监督各成员正确完成以上操作后，在运营任务清单对应的方格内打"√"。

2. 更新短期贷款/还本付息/申请短期贷款（高利贷）

企业要发展，资金是保证。在经营过程中，如果缺乏资金，正常的经营可能都无法进行，更谈不上扩大生产和进行无形资产投资了。如果企业的经营活动正常，从长远发展的角度来看，应适度举债，"借鸡生蛋"。

沙盘企业中，企业筹集资金的方式主要是长期贷款和短期贷款。长期贷款主要是用于长期资产投资，比如购买生产线、产品研发等，短期贷款主要解决流动资金不足的问题，两者应结合起来使用。短期贷款的借入、利息的支付和本金的归还都是在每个季度初进行的。其余时间要筹集资金，只能采取其他方式，不能贷入短期贷款。

操作要点如下：

（1）财务总监

● 更新短期贷款。将短期借款往现金库方向推进一格，表示短期贷款离还款日期更接近。如果短期借款已经推进现金库，则表示该贷款到期，应还本付息。

● 还本付息。财务总监从现金库中拿出利息放在沙盘"综合费用"的"利息"处，拿出相当于应归还借款本金的现金到交易处偿还短期借款。

● 申请短期贷款。如果企业需要借入短期借款，则由财务总监填写"公司贷款申请表"并到交易处借款。短期借款借入后，在短期借款的第四账期处放置一个空桶，在空桶内放置一张借入该短期借款信息的纸条，并将现金放在现金库中。

●记录。在"公司贷款登记表"中登记归还的本金金额，在任务清单对应的方格内记录偿还的本金、支付利息的现金减少数，登记借入短期借款增加的现金数。

（2）CEO

监督财务总监正确完成以上操作后，在运营任务清单对应的方格内打"√"。

3. 更新应付款/归还应付款

企业如果采用赊购方式购买原材料，就涉及应付款。如果应付款到期，必须支付货款。企业应在每个季度对应付款进行更新。

操作要点如下：

（1）财务总监

●更新应付款。将应付款向现金库方向推进一格，当应付款到达现金库时，表示应付款到期，必须用现金偿还，不能延期。

●归还应付款。从现金库中取出现金付清应付款。

●记录：在任务清单对应的方格内登记现金的减少数。

（2）CEO

在监督财务总监正确完成以上操作后，在任务清单对应的方格内打"√"。本次实训的规则中不涉及应付款，不进行操作。直接在任务清单对应的方格内打"×"。

4. 原材料入库/更新原料订单

企业只有在前期订购了原材料，在交易处登记了原材料采购数量，才能购买原材料。每个季度，企业应将沙盘中的"原材料订单"向原材料仓库推进一格，表示更新原料订单。如果原材料订单本期已经推到原材料库，表示原材料已经到达企业，企业应验收入库材料，并支付相应的材料款。

操作要点如下：

（1）采购总监

●购买原材料。持现金和"采购登记表"在交易处买回原材料后，放在沙盘对应的原材料库中。

●记录。在"采购登记表"中登记购买的原材料数量，同时在任务清单对应的方格内登记入库的原材料数量。

● 如果企业订购的原材料尚未到期，则采购总监在任务清单对应的方格内打"✓"。

（2）财务总监

● 付材料款。从现金库中拿出购买原材料需要的现金交给采购总监。

● 记录。在运营任务清单对应的方格内填上现金的减少数。

（3）CEO

在监督财务总监和采购总监正确完成以上操作后，在任务清单对应的方格内打"✓"。

5. 下原料订单

企业购买原材料必须提前在交易处下原料订单，没有下订单不能购买。下原料订单不需要支付现金。

操作要点如下：

（1）采购总监

● 下原料订单。在"采购登记表"中登记订购的原材料品种和数量，在交易处办理订货手续；将从交易处取得的原材料采购订单放在沙盘的"原材料订单"处。

● 记录。在任务清单对应的方格内记录订购的原材料数量。

（2）CEO

在监督采购总监正确完成以上操作后，在任务清单对应的方格内打"✓"。

6. 更新生产/完工入库

一般情况下，产品加工时间越长，完工程度越高。企业应在每个季度更新生产。当产品完工后，应及时下线入库。

操作要点如下：

（1）生产总监

● 更新生产。将生产线上的在制品向前推一格。如果产品已经推到生产线以外，表示产品完工下线，将该产品放在产成品库对应的位置。

● 记录。在任务清单对应的方格内记录完工产品的数量。如果产品没有完工，则在运营任务清单对应的方格内打"✓"。

（2）CEO

在监督生产总监正确完成以上操作后，在任务清单对应的方格内打"√"。

7. 投资新生产线/变卖生产线/生产线转产

企业要提高产能，必须对生产线进行改造，包括新购、变卖和转产等。新购的生产线安置在厂房空置的生产线位置；如果没有空置的位置，必须先变卖生产线。变卖生产线的目的主要是出于战略的考虑，比如将手工生产线换成全自动生产线等。如果生产线要转产，应当考虑转产周期和转产费。

操作要点如下：

（1）投资新生产线

①生产总监

• 领取标识。在交易处申请新生产线标识，将标识翻转放置在某厂房空置的生产线位置，并在标识上面放置与该生产线安装周期期数相同的空桶，代表安装周期。

• 支付安装费。每个季度向财务总监申请建设资金，放置在其中的一个空桶内。每个空桶内都放置了建设资金，表明费用全部支付完毕，生产线在下一季度建设完成。在全部投资完成后的下一季度，将生产线标识翻转过来，领取产品标识，可以投入使用。

②财务总监

• 支付生产线建设费。从现金库取出现金交给生产总监用于生产线的投资。

• 记录。在运营任务清单对应的方格内填上现金的减少数。

（2）变卖生产线

①生产总监

• 变卖。生产线只能按残值变卖。变卖时，将生产线及其产品生产标识交还给交易处，并将生产线的净值从"价值"处取出，将等同于变卖的生产线的残值部分交给财务总监，相当于变卖收到的现金。

• 净值与残值差额的处理。如果生产线净值大于残值，则将净值大于残值的差额部分放在"综合费用"的"其他"处，表示出售生产线的净损失。

②财务总监

• 收现金。将变卖生产线收到的现金放在现金库。

- 记录。在运营任务清单对应的方格内记录现金的增加数。

（3）生产线转产

①生产总监

- 更换标识。持原产品标识在交易处更换新的产品生产标识，并将新的产品生产标识反扣在生产线的"产品标识"处，待该生产线转产期满可以生产产品时，再将该产品标识正面放置在"标识"处。

- 支付转产费。如果转产需要支付转产费，还应向财务总监申请转产费，将转产费放在"综合费用"的"转产费"处。

- 记录。正确完成以上全部操作后，在运营任务清单对应的方格内打"√"；如果不做上面的操作，则在运营任务清单对应的方格内打"×"。

②财务总监

- 支付转产费。如果转产需要转产费，将现金交给生产总监。

- 记录。在运营任务清单对应的方格内登记支付转产费而导致的现金减少数。

③CEO

在监督生产总监正确完成以上操作后，在运营任务清单对应的方格内打"√"。如果不做上面的操作，则在运营任务清单对应的方格内打"×"。

8. 向其他企业购买原材料/出售原材料

企业如果没有下原料订单，就不能购买材料。如果企业生产急需材料，又不能从交易处购买，就只能从其他企业购买。当然，如果企业有暂时多余的材料，也可以向其他企业出售，收回现金。

（1）向其他企业购买原材料

操作要点如下：

①采购总监

- 谈判。在进行组间的原材料买卖时，首先双方要谈妥材料的交易价格，并采取一手交钱一手交货的方式进行交易。

- 购买原材料。本企业从其他企业处购买原材料，首先从财务总监处申请取得购买材料需要的现金，买进材料后，将材料放进原材料库。应当注意的是，材料的成本是企业从其他企业购买材料支付的价款，在计算产品成本时应将该成本作为领用材料的成本。

● 记录。在任务清单对应的方格内填上购入的原材料数量，并记录材料的实际成本。

②财务总监

● 付款。将购买材料需要的现金交给采购总监。

● 记录。将购买原材料支付的现金数记录在任务清单对应的方格内。

（2）向其他企业出售原材料

操作要点如下：

①采购总监

● 出售原材料。首先从原材料库取出原材料，收到对方支付的现金后将原材料交给购买方，并将现金交给财务总监。

● 记录。在任务清单对应的方格内填上因出售而减少的原材料数量。

②财务总监

● 收现金。将出售材料收到的现金放进现金库。

● 交易收益的处理。如果出售原材料收到的现金超过购进原材料的成本，表示企业取得了交易收益，财务总监应当将该收益记录在利润表的"其他收入/支出"栏（为正数）。

● 记录。将出售原材料收到的现金数记录在任务清单对应的方格内。

③CEO

在监督采购总监和财务总监正确完成以上操作后，在运营任务清单对应的方格内打"√"。如果不做上面的操作，则在运营任务清单对应的方格内打"×"。

9. 开始下一批生产

企业如果有闲置的生产线，应尽量安排生产。因为闲置的生产线仍然需要支付设备维护费、计提折旧，企业只有生产产品，并将这些产品销售出去，这些固定费用才能得到弥补。

操作要点如下：

（1）生产总监

● 领用原材料。从采购总监处申请领取生产产品需要的原材料。

● 加工费。从财务总监处申请领取生产产品需要的加工费。

● 上线生产。将生产产品所需要的原材料和加工费放置在空桶中（一个空

桶代表一个产品），然后将这些空桶放置在空置的生产线上，表示开始投入产品
生产。

- 记录。在任务清单对应的方格内登记投产产品的数量。

（2）财务总监

- 支付现金。审核生产总监提出的领取产品加工费申请后，将现金交给生产
总监。

- 记录。在任务清单对应的方格内登记现金的减少数。

（3）采购总监

- 发放原材料。根据生产总监的申请，发放生产产品所需要的原材料。

- 记录。在运营任务清单对应的方格内登记生产领用原材料导致原材料的减
少数。

（4）CEO

在监督生产总监和财务总监正确完成以上操作后，在任务清单对应的方格内打
"✓"。

10. 更新应收款/应收款收现

沙盘企业中，企业销售产品一般收到的是"欠条"——应收款。每个季度，
企业应将应收款向现金库方向推进一格，表示应收款账期的减少。当应收款被推进
现金库时，表示应收款到期，企业应持应收款凭条到交易处领取现金。

操作要点如下：

（1）财务总监

- 更新应收款。将应收款往现金库方向推进一格。当应收款推进现金库时，
表示应收款到期。

- 应收款收现。如果应收款到期，持"应收账款登记表"、任务清单和应收款
凭条到交易处领回相应现金。

- 记录。在运营任务清单对应的方格内登记应收款到期收到的现金数。

（2）CEO

在监督财务总监正确完成以上操作后，在运营任务清单对应的方格内打"✓"：

11. 出售厂房

企业如果需要筹集资金，可以出售厂房。厂房按原值出售。出售厂房当期不能收

到现金，只能收到一张 4 账期的应收款凭条。如果没有厂房，当期必须支付租金。

操作要点如下：

（1）生产总监

- 出售厂房。企业出售厂房时，将厂房价值拿到交易处，领回 40 万元的应收款凭条，交给财务总监。

- 记录。在任务清单对应的方格内打"√"。

（2）财务总监

- 收到应收款凭条。将收到的应收款凭条放置在沙盘应收款的 4Q 处。

- 记录。在"应收账款登记表"上登记收到的应收款金额和账期，在任务清单对应的方格内打"√"。

（3）CEO

在监督生产总监和财务总监正确完成以上操作后，在任务清单对应的方格内打"√"。

12. 向其他企业购买成品/出售成品

企业参加产品订货会时，如果取得的销售订单超过企业最大生产能力，当年不能按订单交货，则构成违约，按规则将受到严厉的惩罚。为此，企业可以从其他企业购买产品来交单。当然，如果企业有库存积压的产品，也可以向其他企业出售。

（1）向其他企业购买产品

操作要点如下：

①营销总监

- 谈判。在进行组间的产品买卖时，首先双方要谈妥产品的交易价格，并采取一手交钱一手交货的交易方式进行交易。

- 购买。从财务总监处申请取得购买产品所需要的现金，买进产品后，将产品放置在对应的产品库。注意：购进的产品成本应当是购进时支付的价款，在计算产品销售成本时应当按该成本计算。

- 记录。在任务清单对应的方格内记录购入的产品数量。

②财务总监

- 付款。审核营销总监的申请后，支付购买材料需要的现金。

- 记录。将购买产品支付的现金数记录在运营任务清单对应的方格内。

（2）向其他企业出售产品

操作要点如下：

①营销总监

• 出售。从产品库中取出产品，取得购买方现金后将产品交给购买方，并将现金交给财务总监。

• 记录。出售导致产品减少，营销总监应在运营任务清单对应的方格内填上因出售而减少的产品数量。

②财务总监

• 收到现金。将出售产品收到的现金放进现金库。

• 出售收益的处理。如果出售产品多收到了现金，即组间交易出售产品价格高于购进产品的成本，表示企业取得了交易收益，应当在编制利润表时将该收益记录在利润表的"其他收入／支出"栏（为正数）。

• 记录。将出售产品收到的现金数记录在任务清单对应的方格内。

③CEO

在监督营销总监和财务总监正确完成以上操作后，在运营任务清单对应的方格内打"√"。如果不做上面的操作，则在运营任务清单对应的方格内打"×"。

13. 按订单交货

企业只有将产品销售出去才能实现收入，也才能收回垫支的成本。产品生产出来后，企业应按销售订单交货。

操作要点如下：

（1）营销总监

• 销售。销售产品前，首先在"订单登记表"中登记销售订单的销售额，计算出销售成本和毛利之后，将销售订单和相应数量的产品拿到交易处销售。销售后，将收到的应收款凭条或现金交给财务总监。

• 记录。在完成上述操作后，在运营任务清单对应的方格内打"√"。如果不做上面的操作，则在任务清单对应的方格内打"×"。

（2）财务总监

• 收到销货款。如果销售取得的是应收款凭条，则将凭条放在应收款相应的账期处；如果取得的是现金，则将现金放进现金库。

● 记录。如果销售产品收到的是应收款凭条，在"应收账款登记表"上登记应收款的金额；如果收到现金，在任务清单对应的方格内登记现金的增加数。

（3）CEO

在监督营销总监和财务总监正确完成以上操作后，在运营任务清单对应的方格内打"√"。如果不做上面的操作，则在运营任务清单对应的方格内打"×"。

14. 产品研发投资

企业要研发新产品，必须投入研发费用。每季度的研发费用在季末一次性支付。如新产品研发完成，则企业在下一季度可以投入生产。

操作要点如下：

（1）营销总监

● 研发投资。企业如果需要研发新产品，则从财务总监处申请取得研发所需要的现金，放置在产品研发对应位置的空桶内。如果产品研发投资完成，则从交易处领取相应产品的生产资格证并放置在"生产资格"处。企业取得生产资格证后，从下一季度开始，可以生产该产品。

● 记录。在运营任务清单对应的方格内打"√"。

（2）财务总监

● 支付研发费。审核营销总监提出的申请后，用现金支付。

● 记录。如果支付了研发费，则在运营任务清单对应的方格内登记现金的减少数。

（3）CEO

在监督营销总监和财务总监正确完成以上操作后，在运营任务清单对应的方格内打"√"。如果不做上面的操作，则在运营任务清单对应的方格内打"×"。

15. 支付行政管理费

企业在生产经营过程中会发生诸如办公费、人员工资等管理费用。沙盘企业中，行政管理费在每季度末一次性支付1万元，无论企业经营情况好坏、业务量多少，都是固定不变的，这是与实际工作的差异之处。

操作要点如下：

（1）财务总监

● 支付管理费。每季度从现金库中取出1万元现金放置在综合费用的"管理费"处。

● 记录。在任务清单对应的方格内登记现金的减少数。

（2）CEO

在监督财务总监正确完成以上操作后，在运营任务清单对应的方格内打"√"。

16. 其他现金收支情况登记

企业在经营过程中可能会发生除上述外的其他现金收入或支出，企业应将这些现金收入或支出进行记录。

操作要点如下：

（1）财务总监

企业如果有其他现金增加和减少情况，则在运营任务清单对应的方格内登记现金的增加或减少数。

（2）CEO

在监督财务总监正确完成以上操作后，在运营任务清单对应的方格内打"√"。如果不做上面的操作，则在任务清单对应的方格内打"×"。

17. 季末盘点

每季度末，企业应对现金、原材料、在产品和产成品进行盘点，并将盘点的数额与账面结存数进行核对，如何账实相符，则将该数额填写在任务清单对应的方格内。如果账实不符，则找出原因后再按照实际数填写。

余额的计算公式为：

现金余额 = 季初余额 + 现金增加额 - 现金减少额

原材料库存余额 = 季初原材料库存数量 + 本期原材料增加数量 - 本期原材料减少数量

在产品余额 = 季初在产品数量 + 本期在产品投产数量 - 本期完工产品数量

产成品余额 = 季初产成品数量 + 本期产成品完工数量 - 本期产成品销售数量

（二）线下操作流程——年末工作

企业日常经营活动结束后，年末进行各种账项的计算和结转，编制各种报表，计算当年的经营成果，反映当前的财务状况，并对当年经营情况进行分析总结。

1. 支付利息/更新长期贷款/申请长期贷款

企业为了发展，可能需要借入长期贷款。长期贷款主要是用于长期资产投资，比如购买生产线、产品研发等。沙盘企业中，长期贷款只能在每年年末进行，贷款期限在一年以上，每年年末付息一次，到期还本。本年借入的长期借款下年末支付利息。

操作要点如下：

（1）财务总监

● 支付利息。根据企业已经借入的长期借款计算本年应支付的利息，之后，从现金库中取出相应的利息放置在综合费用的"利息"处。

● 更新长期贷款。将长期借款往现金库推进一格，表示偿还期的缩短。如果长期借款已经被推至现金库中，表示长期借款到期，应持相应的现金和"贷款登记表"到交易处归还该借款。

● 申请长期贷款。持上年报表和"贷款申请表"到交易处申请贷款，交易处审核后发放贷款。收到贷款后，将现金放进现金库中；同时，放一个空桶在长期贷款对应的账期处，空桶内写一张注明贷款金额、账期和贷款时间的长期贷款凭条。如果长期贷款续贷，财务总监持上年报表和"贷款申请表"到交易处办理续贷手续。之后，同样放一个空桶在长期贷款对应的账期处，空桶内写一张注明贷款金额、账期和贷款时间的凭条。

● 记录。在任务清单对应的方格内登记因支付利息、归还本金导致的现金减少数，以及借入长期借款增加的现金数。

（2）CEO

在监督财务总监正确完成以上操作后，在运营任务清单对应的方格内打"√"。如果不做上面的操作，则在运营任务清单对应的方格内打"×"。

2. 支付设备维护费

设备使用过程中会发生磨损，要保证设备正常运转，就需要进行维护。设备维护会发生诸如材料费、人工费等维护费用。沙盘企业中，只有生产线需要支付维护费。年末，只要有生产线，无论是否生产，都应支付维护费。尚未安装完工的生产线不支付维护费。设备维护费每年年末用现金一次性集中支付。

操作要点如下：

（1）财务总监

● 支付维护费。根据期末现有完工的生产线数量支付设备维护费。支付设备维护费时，从现金库中取出现金放在综合费用的"维护费"处。

● 记录。在任务清单对应的方格内登记现金的减少数。

（2）CEO

在监督财务总监正确完成以上操作后，在运营任务清单对应的方格内打"√"。

3. 支付租金/购买厂房

企业要生产产品，必须要有厂房。厂房可以购买，也可以租用。年末，企业如果在使用不是购买的厂房，则必须支付租金；如果不支付租金，则必须购买。

操作要点如下：

（1）财务总监

● 支付租金。从现金库中取出现金放在综合费用的"租金"处。

● 购买厂房。从现金库中取出购买厂房的现金放在厂房的"价值"处。

● 记录。在任务清单对应的方格内登记支付租金或购买厂房减少的现金数。

（2）CEO

在监督财务总监正确完成以上操作后，在运营任务清单对应的方格内打"√"。如果不做上面的操作，则在运营任务清单对应的方格内打"×"。

4. 计提折旧

固定资产在使用过程中会发生损耗，导致价值降低，应对固定资产计提折旧。沙盘企业中，固定资产计提折旧的时间、范围和方法可以与实际工作一致，也可以采用简化的方法。本书沙盘规则采用了简化的处理方法，与实际工作有一些差异。这些差异主要表现在：折旧在每年年末计提一次，计提折旧的范围仅仅限于生产线，折旧的方法采用直线法取整计算。在会计处理上，折旧费全部作为当期的期间费用，没有计入产品成本。

操作要点如下：

（1）财务总监

● 计提折旧。根据规则对生产线计提折旧。本书采用的折旧规则是按生产线净值的1/3向下取整计算。比如，生产线的净值为10，折旧为3；净值8，折旧为2。计提折旧时，根据计算的折旧额从生产线的"价值"处取出相应的金额放置在综合费用的"折旧"处。

● 记录。在运营任务清单对应的方格内登记折旧的金额。注意，在计算现金支出时，折旧不能计算在内，因为折旧并没有减少现金。

（2）CEO

在监督财务总监正确完成以上操作后，在运营任务清单对应的方格内打"√"。

5. 新市场开拓/ISO 资格认证投资

企业要扩大产品的销路必须开发新市场。开拓不同的市场所需要的时间和费用是不相同的。同时，有的市场对产品有 ISO 资格认证要求，企业需要进行 ISO 资格认证投资。沙盘企业中，每年开拓市场和 ISO 资格认证的费用在年末一次性支付，计入当期的综合费用。

操作要点如下：

（1）营销总监

• 新市场开拓。从财务总监处申请开拓市场所需要的现金，放置在沙盘所开拓市场对应的位置。当市场开拓完成，年末持开拓市场的费用到交易处领取"市场准入"的标识，放置在对应市场的位置上。

• ISO 资格认证投资。从财务总监处申请 ISO 资格认证所需要的现金，放置在 ISO 资格认证对应的位置。当认证完成时，年末持认证投资的费用到交易处领取"ISO 资格认证"标识，放置在沙盘对应的位置。

• 记录。进行了市场开拓或 ISO 认证投资后，在运营任务清单对应的方格内打"√"，否则，打"×"。

（2）财务总监

• 支付费用。审核营销总监的申请后，支付市场开拓和 ISO 资格认证所需要的现金。

• 记录。在任务清单对应的方格内记录现金的减少数。

（3）CEO

在监督营销总监和财务总监正确完成以上操作后，在运营任务清单对应的方格内打"√"。

6. 编制报表

沙盘企业每年经营结束后，应当编制相关会计报表，及时反映当年的财务和经营情况。在沙盘企业中，主要编制产品核算统计表、综合费用计算表、利润表和资产负债表。

（1）产品核算统计表

产品核算统计表格式见表3－12，"订单登记表"格式见表3－13。

表3－12   产品核算统计表

	P1	P2	P3	P4	合 计
数量					
销售额					
成本					
毛利					

表3－13   订单登记表

订单号								合计
市场								
产品								
数量								
账期								
销售额								
成本								
毛利								
未售								

（2）综合费用计算表

综合费用计算表格式见表3－14，报表填制方法见第四章。

表3－14   综合费用明细表   单位：百万元

项目	金额	备注
管理费		
广告费		
保养费		
租金		
转产费		
市场准入开拓		□区域　□国内　□亚洲　□国际
ISO 资格认证		□ISO 9000　□ISO 14000
产品研发		P2（　　）　P3（　　）　P4（　　）
其 他		
合 计		

（3）利润表

利润表格式见表 3 – 15，报表填制方法见第四章。

表 3 – 15   利润表

项目	上年数	本年数
销售收入		
直接成本		
毛利		
综合费用		
折旧前利润		
折旧		
支付利息前利润		
财务收入／支出		
其他收入／支出		
税前利润		
所得税		
净利润		

（4）资产负债表

资产负债表格式见表 3 – 16，报表填制方法见第四章。

表 3 – 16   资产负债表

资产	期初数	期末数	负债和所有者权益	期初数	期末数
流动资产			**负债**		
现金			长期负债		
应收款			短期负债		
在制品			应付账款		
成品			应交税金		
原料			一年内到期的长期负债		
流动资产合计			负债合计		
固定资产			**所有者权益**		
土地和建筑			股东资本		
机器与设备			利润留存		
在建工程			年度净利		
固定资产合计			所有者权益合计		
资产总计			负债和所有者权益总计		

7. 结账

一年经营结束，年终要进行一次"盘点"，编制"综合管理费用明细表""资产负债表"和"利润表"。一经结账后，本年度的经营也就结束了，本年度所有的经营数据不能随意更改。结账后，在运营任务清单对应的方格内打"√"。

8. 反思与总结

经营结束后，CEO应召集团队成员对当年的经营情况进行分析，分析决策的成功与失误，分析经营的得与失，分析实际与计划的偏差及其原因等。记住：用心总结，用笔记录。沙盘模拟是训练思维的过程，同时也应是锻炼动手能力的过程。

（三）线上操作流程

1. 商战电子沙盘整体界面介绍（如图 3－4 所示）

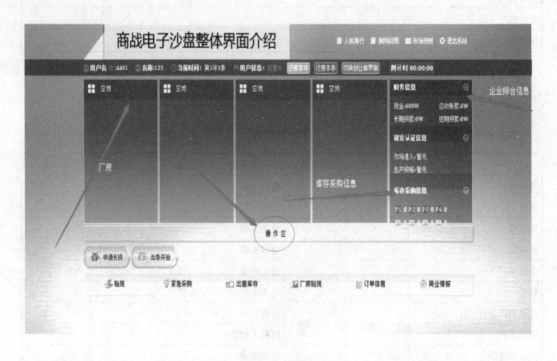

图 3－4　整体界面

2. 申请长期借款（如图3-5所示）

图3-5 申请长期借款界面

3. 当季开始（如图3-6所示）

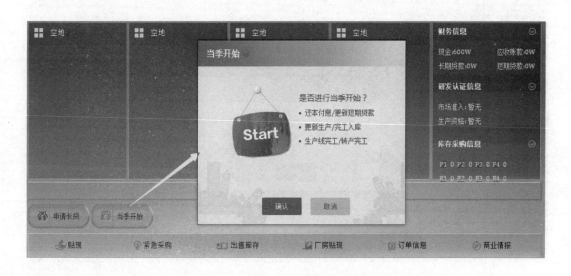

图3-6 当季开始界面

4. 申请短期贷款（如图 3 - 7 所示）

图 3 - 7　申请短期贷款界面

5. 更新、订购原材料（如图 3 - 8、图 3 - 9 所示）

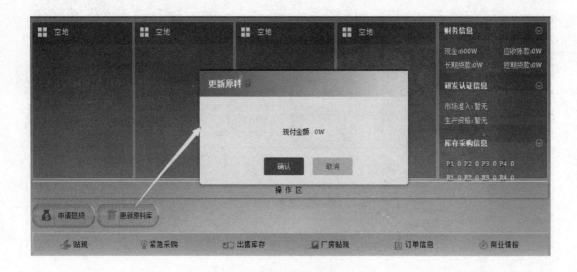

图 3 - 8　更新原材料界面

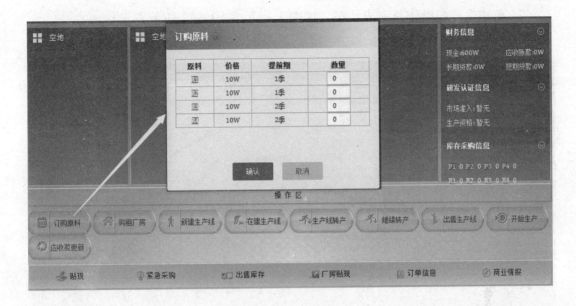

图 3 – 9 订购原材料界面

6. 购买、租用厂房（如图 3 – 10 所示）

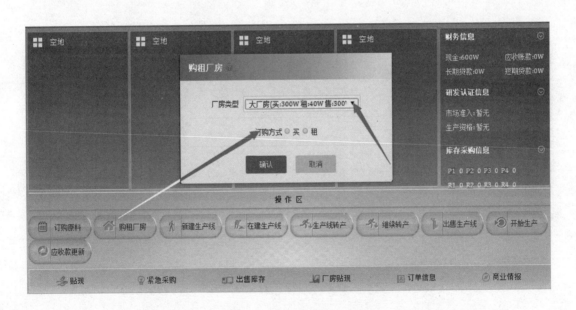

图 3 – 10 购买、租用厂房界面

7. 新建生产线操作及完成状态（如图 3 – 11、图 3 – 12 所示）

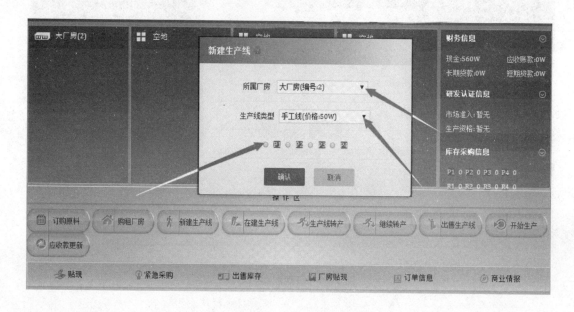

图 3 – 11　新建生产线操作界面

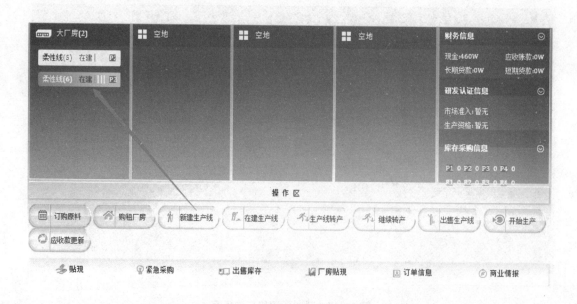

图 3 – 12　新建生产线完成状态界面

8. 应收款更新（如图3-13所示）

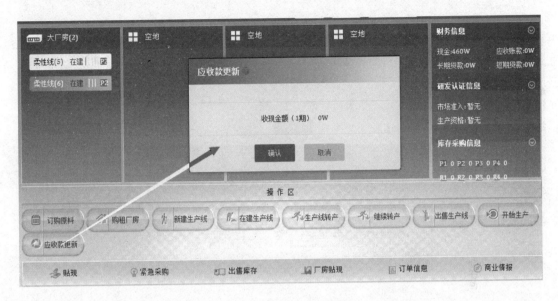

图3-13 应收款更新界面

9. 按订单交货（如图3-14所示）

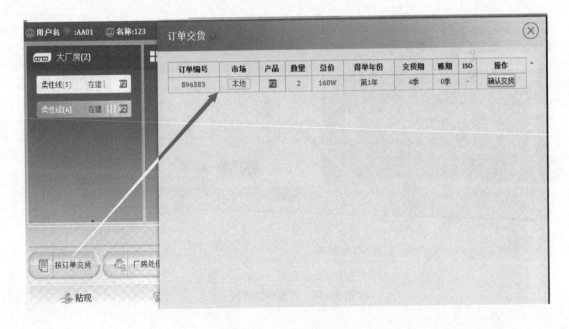

图3-14 按订单交货界面

10. 厂房处理（如图 3 - 15 所示）

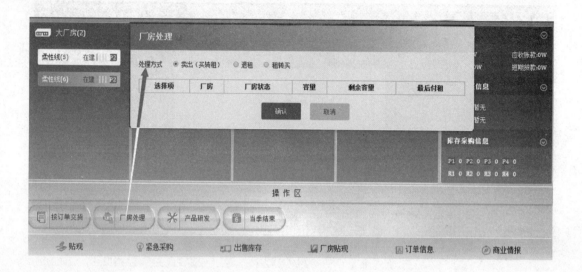

图 3 - 15 厂房处理界面

11. 产品研发（如图 3 - 16 所示）

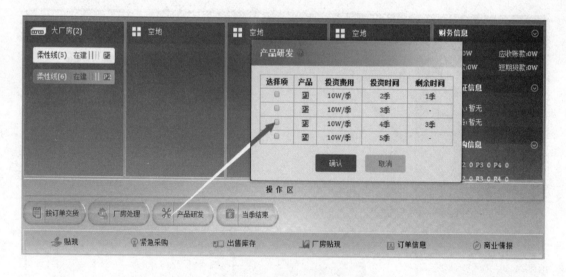

图 3 - 16 产品研发界面

12. 当季结束（如图3-17所示）

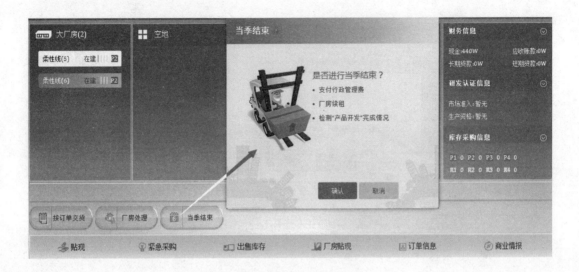

图3-17　当季结束界面

13. 在建生产线（如图3-18所示）

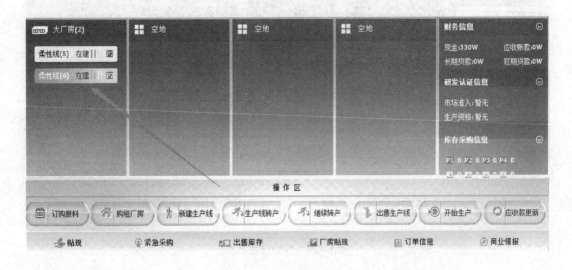

图3-18　在建生产线界面

14. 申请短期贷款及完成状态（如图 3 – 19、图 3 – 20 所示）

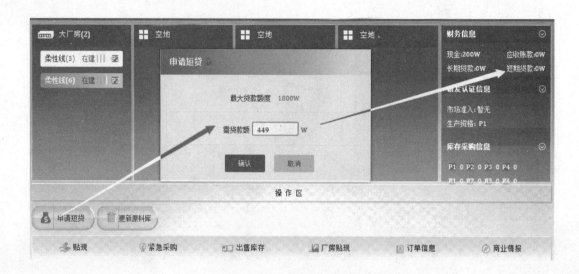

图 3 – 19　申请短期贷款界面

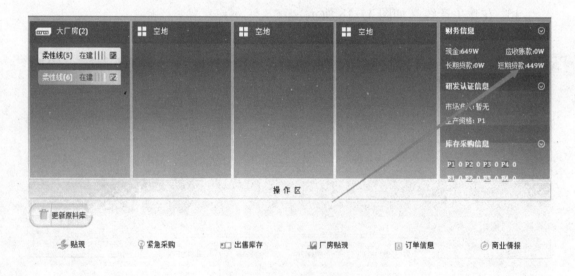

图 3 – 20　贷款状态界面

15. 市场开拓（如图 3 - 21 所示）

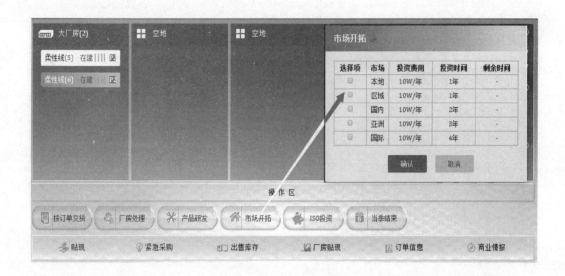

图 3 - 21 市场开拓界面

16. ISO 资格认证（如图 3 - 22 所示）

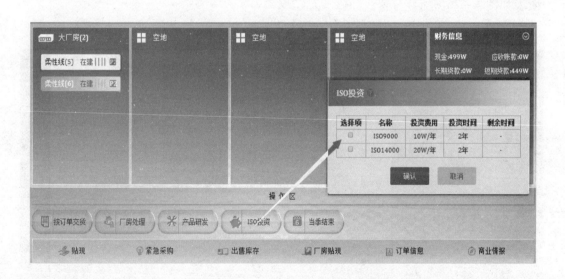

图 3 - 22 ISO 投资界面

17. 当年结束（如图 3 – 23 所示）

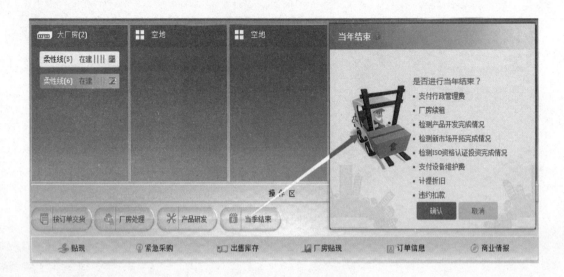

图 3 – 23　当年结束界面

18. 填写报表（综合费用表如图 3 – 24 所示、利润表如图 3 – 25 所示、资产负债表如图 3 – 26 所示）

图 3 – 24　综合费用表

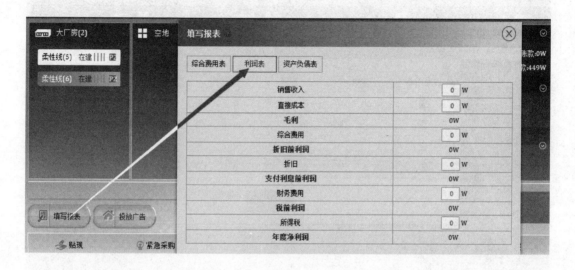

图 3 – 25 利润表

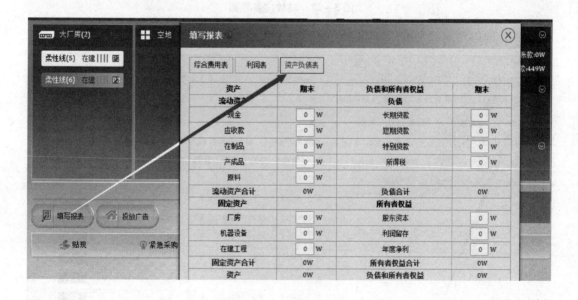

图 3 – 26 资产负债表

19. 投放广告（如图 3 – 27 所示）

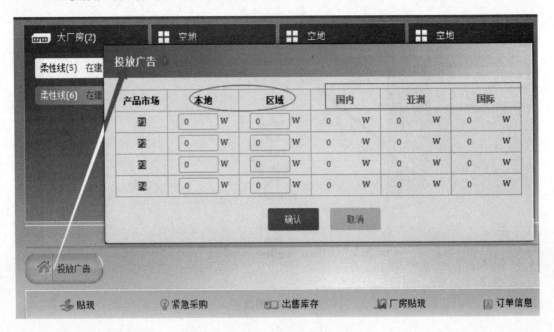

图 3 – 27　投放广告界面

20. 选单情况（如图 3 – 28 所示）

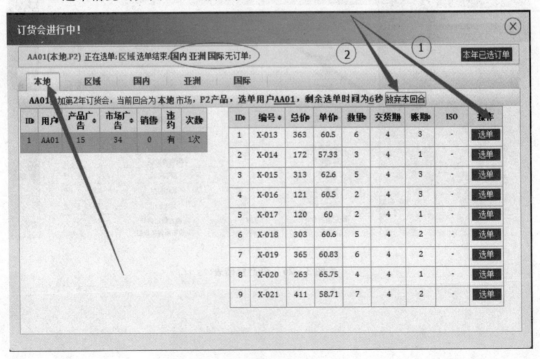

图 3 – 28　选单界面

21. 参加竞单会（如图3-29所示）

参加竞单会

82dgd10参加第4年竞单会，当前回合剩余竞单时间为35秒

订单编号	市场	产品	数量	ISO	状态	得单用户	总金额	交货期	账期
				↓本用户出价			250W	1季	4期
3J-06	区域	P3	5	14	已完成	82dgd10	250W	3季	4期
				↑本用户出价			250W	3季	4期
3J-07	国内	P4	4	9 14	已完成	82dgd12	450W	3季	4期
3J-08	国内	P1	5	14	已完成	82dgd01	150W	3季	0期
3J-09	国内	P2	4	9 14	已完成	82dgd10	250W	1季	4期
				↑本用户出价			250W	1季	4期
3J-10	亚洲	P3	6	9	设置竞价	-	-	-	-
3J-11	亚洲	P4	5	14	设置竞价	-	-	-	-
3J-12	亚洲	P1	6	9	设置竞价	-	-	-	-
3J-13	亚洲	P2	5	14	等待	-	-	-	-

图3-29　参加竞单会

22. 开始下一批生产（如图3-30所示）

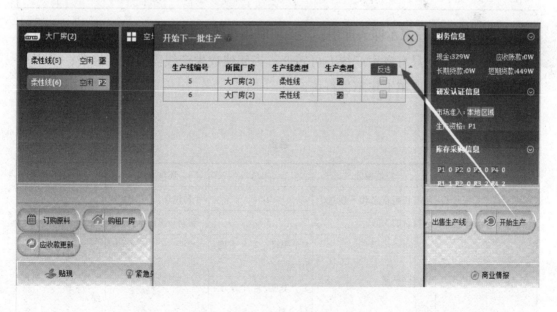

图3-30　开始下一批生产界面

第四章

财务报表编制

第一节 "商战"实践平台——重要经营规则

总规划用 600 万元的初始资金注册一家制造型公司，进行三年的生产经营活动，以下述规则条件为例讲解报表的填列。

一、生产线

表 4 - 1　　　　　　　　　　　　　生产线

名称	购买价格	安装周期	生产周期	总转产费用	转产周期	维修费	残值	折旧费	折旧时间	分值
手工线	35 万元	1 个季度	2 个季度	0	0	10 万元/年	10 万元	10 万元	3 年	5
租赁线	0	1 个季度	1 个季度	20 万元	1 个季度	70 万元/年	-70 万元	0	5 年	0
自动线	150 万元	3 个季度	1 个季度	20 万元	1 个季度	20 万元/年	30 万元	30 万元	5 年	8
柔性线	200 万元	4 个季度	1 个季度	0	0	20 万元/年	40 万元	40 万元	5 年	10

安装周期为 1，表示即买即用；不论何时出售生产线，价格为残值，净值与残值之差计入损失；只有空生产线方可转产；当年建成生产线需要交维修费；采用平均年限法折旧，建成第 1 年不进行折旧。

二、融资

表 4 - 2　　　　　　　　　　　　　融资

贷款类型	贷款时间	贷款额度	年息	还款方式	备注
长期贷款	每年年初	所有长短贷之和不超过上年权益的 3 倍	10 %	年初付息，到期还本	不小于 10 万元
短期贷款	每季度初		5 %	到期一次还本付息	
资金贴现	任何时间	视应收款额	1 个季度，2 个季度：10 % 3 个季度，4 个季度：12.5 %	变现时贴息	1、2 期可以联合贴现（3、4 期同理）
库存拍卖	100 %（产品）80 %（原料）				

三、厂房

表 4 – 3　　　　　　　　　　　　　　　　　厂房

名称	购买价格	租金	出售价格	容量	分值
大厂房	450 万元	45 万元/年	450 万元	5	0
中厂房	400 万元	40 万元/年	400 万元	4	0
小厂房	330 万元	33 万元/年	330 万元	3	0

厂房出售得到 4 个账期的应收款，紧急情况下可将厂房贴现，直接得到现金。

厂房租入后，一年后可作租转买、退租等处理，续租系统自动处理。

四、市场开拓

表 4 – 4　　　　　　　　　　　　　　　　市场开拓

名称	开发费	开发时间	分值
本地	10 万元	1 年	10
区域	10 万元	1 年	10
国内	10 万元	2 年	10
亚洲	10 万元	3 年	10
国际	10 万元	4 年	10

开发费用按开发时间在年末平均支付，不允许加速投资。

市场开发完成后，领取相应的市场准入证。

五、ISO 资格认证

表 4 – 5　　　　　　　　　　　　　　ISO 资格认证

名称	开发费	开发时间	分值
ISO 9000	10 万元	2 年	8
ISO 14000	20 万元	2 年	10

开发费用在年末平均支付，不允许加速投资，但可以中断投资。

开发完成后，领取相应的资格证。

六、产品研发

表 4 – 6　　　　　　　　　　　　　　产品研发

名称	开发费	开发时间	加工费	直接成本	分值	产品组成
P1	10 万元	2 个季度	10 万元	20 万元	10	1R1
P2	10 万元	3 个季度	10 万元	30 万元	10	R1 + R2
P3	10 万元	4 个季度	10 万元	40 万元	10	R2 + R3
P4	10 万元	5 个季度	10 万元	50 万元	10	1R2 + 1R3 + 2R4

开发费用在年末平均支付，不允许加速投资，但可以中断投资。

七、原料设置

表 4 - 7   原料设置

名称	购买单价	提前期
R1	10 万元	1 个季度
R2	10 万元	1 个季度
R3	10 万元	2 个季度
R4	10 万元	2 个季度

八、其他说明

（1）紧急采购，付款即到货，原材料价格为直接成本的 2 倍；成品价格为直接成本的 3 倍。

（2）选单规则：上年本市场销售额最高（无违约）优先；其次看本市场本产品广告额；再看本市场广告总额；最后看市场销售排名；如仍无法决定，先投广告者先选单。

（3）破产标准：现金断流或权益为负。

（4）第一年无订单。

（5）交单可提前，不可推后，违约收回订单。

（6）违约金扣除——四舍五入；库存拍卖所得现金——四舍五入；贴现费用——向上取整；扣税——四舍五入；长短贷利息——四舍五入。

（7）库存折价拍卖，生产线变卖，紧急采购，订单违约计入损失。

（8）排行榜记分标准：

总成绩 = 所有者权益 × （1 + 企业综合发展潜力/100）

企业综合发展潜力 = 市场资格分值 + ISO 资格分值 + 生产资格分值 + 厂房分值 + 各条生产线分值

生产线建成（包括转产）即加分，无需生产出产品，也无需有在制品；厂房必须为购买。

九、重要参数

表 4 - 8 系统参数

违约金比例	20	%	贷款额倍数	3	倍
产品折价率	100	%	原料折价率	80	%
长贷利率	12	%	短贷利率	7	%
1、2 期贴现率	10	%	3、4 期贴现率	12.5	%
初始现金	600	W	管理费	10	W
信息费	1	W	所得税率	25	%
最大长贷年限	5	年	最小得单广告额	10	W
原料紧急采购倍数	2	倍	产品紧急采购倍数	3	倍
选单时间	50	秒	首位选单补时	25	秒
市场同开数量	2	个	市场龙头	◉ 无 ○ 有	
竞单时间	90	秒	竞单同竞数	3	个

十、市场预测

表 4 - 9 市场预测表——均价

序号	年份	产品	本地	区域	国内	亚洲	国际
1	第 2 年	P1	51.7	51.83	0	0	0
2	第 2 年	P2	71.72	78.39	0	0	0
3	第 2 年	P3	97.39	90.04	0	0	0
4	第 2 年	P4	130.96	119.65	0	0	0
5	第 3 年	P1	55.51	52.47	49.12	0	0
6	第 3 年	P2	74.85	72.97	74.93	0	0
7	第 3 年	P3	86.97	85.31	88.38	0	0
8	第 3 年	P4	119.6	118.4	115.77	0	0
9	第 4 年	P1	50.33	48.83	45.29	0	0
10	第 4 年	P2	62.72	64.28	62.53	0	0
11	第 4 年	P3	87.83	88	84.41	89.18	0
12	第 4 年	P4	114.18	112.04	115.24	116.81	0
13	第 5 年	P1	55.85	54.5	54.69	51	58.65
14	第 5 年	P2	66.4	67.62	68.17	73.77	73.05
15	第 5 年	P3	81.3	86.03	82.87	84.94	86.68
16	第 5 年	P4	0	0	113.12	126.87	117.35
17	第 6 年	P1	54.91	58.74	0	0	56.56
18	第 6 年	P2	69.07	67.15	67.59	0	0
19	第 6 年	P3	92.03	86.07	81.74	83.85	88.7
20	第 6 年	P4	0	0	119.48	117.11	121.55

表 4 – 10　　　　　　　　　市场预测表——需求量

序号	年份	产品	本地	区域	国内	亚洲	国际
1	第 2 年	P1	86	118	0	0	0
2	第 2 年	P2	72	62	0	0	0
3	第 2 年	P3	56	50	0	0	0
4	第 2 年	P4	96	80	0	0	0
5	第 3 年	P1	86	76	16	0	0
6	第 3 年	P2	82	74	56	0	0
7	第 3 年	P3	72	64	42	0	0
8	第 3 年	P4	40	60	26	0	0
9	第 4 年	P1	122	60	62	0	0
10	第 4 年	P2	144	58	76	0	0
11	第 4 年	P3	60	60	74	66	0
12	第 4 年	P4	44	48	42	52	0
13	第 5 年	P1	118	44	70	66	68
14	第 5 年	P2	80	64	46	26	40
15	第 5 年	P3	66	60	94	64	74
16	第 5 年	P4	0	0	52	62	52
17	第 6 年	P1	70	114	0	0	54
18	第 6 年	P2	88	92	34	0	0
19	第 6 年	P3	58	60	70	78	74
20	第 6 年	P4	0	0	62	74	22

第二节　现金预算表的编制

一、第一年规划

第二季度租一个中厂房花费 40 万元；建四条自动线，两条生产 P2，两条生产 P3；开拓 5 个市场；研发两个资格认证。

（1）申请短期贷款：第三季度申请短期贷款 69 万元，第四季度申请短期贷款 249 万元。

（2）生产线投资：第二季度生产线投资花费 200 万元，第三季度生产线投资花费 200 万元，第四季度生产线投资花费 200 万元。

（3）产品研发：第一季度研发 P3 花费 10 万元，第二季度研发 P2 和 P3 花费

20 万元，第三季度研发 P2 和 P3 花费 20 万元，第四季度研发 P2 和 P3 花费 20 万元。

（4）原材料订购：第三季度订 4R3、4R4，第四季度订 4R1、4R3、4R4。

（5）支付管理费用：每季度 10 万元。

（6）第四季度末：支付市场开拓投资 50 万元，ISO 资格认证投资 30 万元。

表 4-11　　　　　　　　　　现金预算表（第一年）

企业经营流程 请按顺序执行下列各项操作。	每执行完一项操作，CEO 请在相应的方格内打钩。 财务总监（助理）在方格中填写现金收支情况。			
新年度规划会议				
年初库存现金	600			
支付应付税	0			
市场广告投入	0			
支付长贷利息	0			
申请长期贷款	0			
季初盘点	600	580	310	149
贴现额	0	0	0	0
贴现利息	0	0	0	0
短期贷款还本付息	0	0	0	0
申请短期贷款	0	0	69	249
原材料入库/更新原料订单	0	0	0	0
购买、租用厂房	0	40	0	0
生产线投资	0	200	200	200
转产费用	0	0	0	0
紧急采购	0	0	0	0
开始下一批生产	0	0	0	0
收到现金前所有支出	0	240	200	200
应收款到期	0	0	0	0
产品研发投资	10	20	20	20
支付行政管理费	10	10	10	10
市场开拓投资				50
ISO 资格认证投资				30
支付设备维护费				0
现金收入合计	600	580	379	398
现金支出合计	20	270	230	310
期末现金对账（请填余额）	580	310	149	88

二、第二年规划

四条自动线每一季度生产 2 个 P2 和 2 个 P3，在本地和区域销售完 6 个 P2 和 6 个 P3。

（1）投放广告花费 80 万元，申请长期贷款 104 万元。

（2）短期贷款还本付息：第三季度还本付息花费 72 万元，第四季度还本付息花费 261 万元。

（3）申请短期贷款：第一季度贷 89 万元，第二季度贷 229 万元，第三季度贷 409 万元，第四季度贷 149 万元。

（4）每一季度订购原材料 4R1、4R3、4R4。

（5）原材料入库：第一季度入库花费 100 万元，第二季度入库花费 100 万元，第三季度入库花费 100 万元，第四季度入库花费 100 万元。

（6）开始下一批生产：每一季度都生产 2 个 P2 和 2 个 P3，每季度花费 40 万元。

（7）租用厂房：第二季度续租花费 40 万元。

（8）支付管理费用：每季度 10 万元。

（9）第四季度末：支付市场开拓投资 30 万元，ISO 资格认证投资 30 万元，支付设备维修费 80 万元。

表 4 - 12　　　　　　　　　　　现金预算表（第二年）

企业经营流程 请按顺序执行下列各项操作。	每执行完一项操作，CEO 请在相应的方格内打钩。 财务总监（助理）在方格中填写现金收支情况。			
新年度规划会议				
年初库存现金	88			
支付应付税	0			
市场广告投入	80			
支付长贷利息	0			
申请长期贷款	104			
季初盘点	112	11	90	277
贴现额	0	0	0	0
贴现利息	0	0	0	0
短期贷款还本付息	0	0	72	261
申请短期贷款	89	229	409	149

续表

原材料入库/更新原料订单	100	100	100	100
购买、租用厂房	40	0	0	0
生产线投资	0	0	0	0
转产费用	0	0	0	0
紧急采购	0	0	0	0
开始下一批生产	40	40	40	40
收到现金前所有支出	180	140	140	140
应收款到期	0	0	0	275
产品研发投资	0	0	0	0
支付行政管理费	10	10	10	10
市场开拓投资				30
ISO 资格认证投资				30
支付设备维护费				80
现金收入合计	201	240	427	440
现金支出合计	190	150	150	290
期末现金对账（请填余额）	11	90	277	150

三、第三年规划

四条自动线每一季度生产 2 个 P2 和 2 个 P3，在本地、区域和国内销售完 8 个 P2 和 8 个 P3。

（1）支付上年应交税 6 万元，投放广告花费 90 万元，支付长贷利息 10 万元，申请长期贷款 50 万元。

（2）短期贷款还本付息：第一季度还本付息花费 93 万元，第二季度还本付息花费 240 万元，第三季度还本付息花费 429 万元，第四季度还本付息花费 156 万元。

（3）申请短期贷款：第一季度贷 169 万元，第二季度贷 349 万元，第三季度贷 149 万元，第四季度贷 69 万元。

（4）每一季度订购原材料 4R1、4R3、4R4。

（5）原材料入库：第一季度入库花费 100 万元，第二季度入库花费 100 万元，第三季度入库花费 100 万元，第四季度入库花费 100 万元。

（6）开始下一批生产：每季度都生产 2 个 P2 和 2 个 P3，每季度花费 40 万元。

（7）租用厂房：第二季度续租花费 40 万元。

（8）支付管理费用：每季度10万元。

（9）第四季度末：支付市场开拓投资20万元，支付设备维修费80万元。

表4－13　　　　　　　　　　现金预算表（第三年）

企业经营流程 请按顺序执行下列各项操作。		每执行完一项操作，CEO请在相应的方格内打钩。 财务总监（助理）在方格中填写现金收支情况。		
新年度规划会议				
年初库存现金	150			
支付应付税	6			
市场广告投入	90			
支付长贷利息	10			
申请长期贷款	50			
季初盘点	94	289	442	463
贴现额	0	0	0	0
贴现利息	0	0	0	0
短期贷款还本付息	93	240	429	156
申请短期贷款	169	349	149	69
原材料入库/更新原料订单	100	100	100	100
购买、租用厂房	0	40	0	0
生产线投资	0	0	0	0
转产费用	0	0	0	0
紧急采购	0	0	0	0
开始下一批生产	40	40	40	40
收到现金前所有支出	140	180	140	140
应收款到期	269	234	451	260
产品研发投资	0	0	0	0
支付行政管理费	10	10	10	10
市场开拓投资				20
ISO资格认证投资				0
支付设备维护费				80
现金收入合计	439	632	613	636
现金支出合计	150	190	150	250
期末现金对账（请填余额）	289	442	463	386

第三节 综合费用表的编制

一、综合费用表编制方法

综合费用表是综合反映在经营期间发生的各种除产品生产成本、财务费用外的其他费用。根据沙盘上的"综合费用"处的支出填写。

综合费用表的填制方法如下：

* "管理费"项目根据企业当年支付的行政管理费填列。企业每季度支付1万元行政管理费，全年共支付行政管理费4万元。

* "广告费"项目根据企业当年年初的"广告登记表"中填列的广告费填列。

* "保养费"项目根据企业实际支付的生产线保养费填列。根据规则，只要生产线建设完工，不论是否生产，都应当支付保养费。

* "租金"项目根据企业支付的厂房租金填列。

* "转产费"根据企业生产线转产支付的转产费填列。

* "市场准入开拓"根据企业本年开发市场支付的开发费填列。为了明确开拓的市场，需要在"备注"栏本年开拓的市场前打"√"。

* "ISO资格认证"项目根据企业本年ISO认证开发支付的开发费填列。为了明确认证的种类，需要在"备注"栏本年认证的名称前打"√"。

* "产品研发"项目根据本年企业研发产品支付的研发费填列。为了明确产品研发的品种，应在"备注"栏产品的名称前打"√"。

* "其他"项目主要根据企业发生的其他支出填列，比如，出售生产线净值大于残值的部分等。

二、综合费用表编制实例

根据现金预算表的相关规则方案编制企业三年的综合费用表。

表4-14   综合费用明细表（第一年）   单位：万元

项目	金额	备注
管理费	40	
广告费	0	
保养费	0	
租金	40	

续表

项目	金额	备注
转产费	0	
市场准入开拓	50	□本地 □区域 □国内 □亚洲 □国际
ISO 资格认证	30	□ISO 9000 □ISO 14000
产品研发	70	P2（ ） P3（ ）
其他	0	
合计	230	

表 4 – 15　　综合费用明细表（第二年）　　单位：万元

项目	金额	备注
管理费	40	
广告费	80	
保养费	80	
租金	40	
转产费	0	
市场准入开拓	30	□国内 □亚洲 □国际
ISO 资格认证	30	□ISO 9000 □ISO 14000
产品研发	0	
其他	0	
合计	300	

表 4 – 16　　综合费用明细表（第三年）　　单位：万元

项目	金额	备注
管理费	40	
广告费	90	
保养费	80	
租金	40	
转产费	0	
市场准入开拓	20	□亚洲 □国际
ISO 资格认证	0	
产品研发	0	
其他	0	
合计	270	

第四节 利润表的编制

一、利润表编制方法

利润表是反映企业一定期间经营状况的会计报表。利润表把一定期间内的营业收入与其同一期间相关的成本费用相配比，从而计算出企业一定时期的利润。通过编制利润表，可以反映企业生产经营的收益情况、成本耗费情况，表明企业生产经营成果。同时，通过利润表提供的不同时期的比较数字，可以分析企业利润的发展趋势和获利能力。

利润表的编制方法如下：

• 利润表中"上年数"栏反映各项目上年的实际发生数，根据上年利润表的"本年数"填列。利润表中"本年数"栏反映各项目本年的实际发生数，根据本年实际发生额的合计填列。

• "销售收入"项目反映企业销售产品取得的收入总额。本项目应根据"产品核算统计表"填列。

• "直接成本"项目反映企业本年已经销售产品的实际成本。本项目应根据"产品核算统计表"填列。

• "毛利"项目反映企业销售产品实现的毛利。本项目是根据销售收入减去直接成本后的余额填列。

• "综合费用"项目反映企业本年发生的综合费用，根据"综合费用表"的合计数填列。

• "折旧前利润"项目反映企业在计提折旧前的利润，根据毛利减去综合费用后的余额填列。

• "折旧"反映企业当年计提的折旧额，根据当期计提的折旧额填列。

• "支付利息前利润"项目反映企业支付利息前实现的利润，根据折旧前利润减去折旧后的余额填列。

• "财务收入/支出"项目反映企业本年发生的财务收入或者财务支出，比如借款利息、贴息等。本项目根据沙盘上的"利息"填列。

• "其他收入/支出"项目反映企业其他业务形成的收入或者支出，比如出租厂房取得的收入等。

● "税前利润" 项目反映企业本年实现的利润总额。本项目根据支付利息前的利润加财务收入减去财务支出，再加上其他收入减去其他支出后的余额填列。

● "所得税" 项目反映企业本年应交纳的所得税费用，本项目根据税前利润除以 3 取整后的数额填列。

● "净利润" 项目反映企业本年实现的净利润，本项目根据税前利润减去所得税后的余额填列。

二、利润表编制实例

根据现金预算表的相关规则方案编制企业三年的利润表。

表 4 – 17　　　　　　　　　　　　利润表（第一年）

项目	上年数	本年数
销售收入	0	0
直接成本	0	0
毛利	0	0
综合费用	0	230
折旧前利润	0	−230
折旧	0	0
支付利息前利润	0	−230
财务收入／支出	0	0
其他收入／支出	0	0
税前利润	0	−230
所得税	0	0
净利润	0	−230

表 4 – 18　　　　　　　　　　　　利润表（第二年）

项目	上年数	本年数
销售收入	0	987
直接成本	0	420
毛利	0	567
综合费用	230	300
折旧前利润	−230	267

项目	上年数	本年数
折旧	0	0
支付利息前利润	−230	267
财务收入/支出	0	15
其他收入/支出	0	0
税前利润	−230	252
所得税	0	6
净利润	−230	246

表4-19 利润表（第三年）

项目	上年数	本年数
销售收入	987	1320
直接成本	420	560
毛利	567	760
综合费用	300	270
折旧前利润	267	490
折旧	0	140
支付利息前利润	267	350
财务收入/支出	15	52
其他收入/支出	0	0
税前利润	252	298
所得税	6	75
净利润	246	223

第五节 资产负债表的编制

一、资产负债表编制方法

资产负债表是反映企业某一特定日期财务状况的会计报表。它是根据"资产＝负债＋所有者权益"的会计等式编制的。

从资产负债表的结构可以看出，资产负债表由期初数和期末数两个栏目组成。资产负债表的"期初数"栏各项目数字应根据上年末资产负债表"期末数"栏内所列数字填列。

资产负债表的"期末数"栏各项目主要是根据有关项目期末余额资料编制，其数据的来源主要通过以下几种方式取得：

- 资产类项目主要根据沙盘盘面的资产通过盘点后的实际金额填列。
- 负债类项目中的"长期负债"和"短期负债"根据沙盘上的长期借款和短期借款数额填列，如果有将于一年内到期的长期负债，应单独反映。
- "应交税金"项目根据企业本年"利润表"中的"所得税"项目的金额填列。
- "所有者权益类"中的股东权益项目，如果本年股东没有增资，直接根据上年末"利润表"中的"股东资本"项目填列，如果发生了增资，则为上年末的股东资本加上本年增资的资本。
- "利润留存"项目根据上年利润表中的"利润留存"和"年度净利"两个项目的合计数填列。
- "年度净利"项目根据"利润表"中的"净利润"项目填列。

二、资产负债表编制实例

根据现金预算表的相关规则方案编制企业三年的资产负债表。

表 4 – 20　　　　　　　　　　资产负债表（第一年）　　　　　　　　单位：万元

资产	期初数	期末数	负债和所有者权益	期初数	期末数
流动资产			负债		
现金	600	88	长期负债		0
应收款		0	短期负债		318
在制品		0	应付账款		0
成品		0	应交税金		0
原料		0	一年内到期的长期负债		0
流动资产合计	600	88	负债合计	0	318
固定资产			所有者权益		
土地和建筑		0	股东资本	600	600
机器与设备		0	利润留存		0
在建工程		600	年度净利		– 230
固定资产合计		600	所有者权益合计	600	370
资产总计	600	688	负债和所有者权益总计	600	688

表4-21 　　　　　　　　　　　　资产负债表（第二年）　　　　　　　　单位：万元

资产	期初数	期末数	负债和所有者权益	期初数	期末数
流动资产			**负债**		
现金	88	150	长期负债		104
应收款		712	短期负债	318	876
在制品		140	应付账款		0
成品		0	应交税金		6
原料		0	一年内到期的长期负债		0
流动资产合计	88	1002	负债合计	318	986
固定资产			**所有者权益**		
土地和建筑			股东资本	600	600
机器与设备		600	利润留存	0	-230
在建工程	600		年度净利	-230	246
固定资产合计	600	600	所有者权益合计	370	616
资产总计	688	1602	负债和所有者权益总计	688	1602

表4-22 　　　　　　　　　　　　资产负债表（第三年）　　　　　　　　单位：万元

资产	期初数	期末数	负债和所有者权益	期初数	期末数
流动资产			**负债**		
现金	150	386	长期负债	104	154
应收款	712	818	短期负债	876	736
在制品	140	140	应付账款	0	0
成品	0	0	应交税金	6	75
原料	0	0	一年内到期的长期负债	0	0
流动资产合计	1002	1344	负债合计	986	965
固定资产			**所有者权益**		
土地和建筑			股东资本	600	600
机器与设备	600	460	利润留存	-230	16
在建工程	0	0	年度净利	246	223
固定资产合计	600	460	所有者权益合计	616	839
资产总计	1602	1804	负债和所有者权益总计	1602	1804

第五章

ERP 竞争模拟是实战经营

第一节　CEO 的操作内容

一、CEO 的工作流程

CEO 是一个企业的灵魂核心人物，必须对自己的企业各方面状况了如指掌，例如财务、生产，尤其是市场。而在决策上，当组员在企业发展方针上出现不同异议而争论无果时，CEO 就要发挥领袖的作用，根据自己对市场的判断作出决定，以免争论时间过长导致超过时限。CEO 要跟各个总监进行数据核对，做到输入的零失误。可以说 CEO 参与到任何一个环节中，同时把握企业的发展方向，运筹帷幄，也作为队员之间的沟通桥梁，把个人串联起来成为一个团队。

（一）CEO 的战略全局观

沙盘模拟设计思路充分体现了企业发展必然遵循的历史与逻辑的关系，从企业的诞生到企业的发展壮大都取决于战略的设定。要求 CEO 必须在谋求当期的现实利益基础之上作出为将来发展负责的决策。CEO 必须承担历史责任，运用长期的战略思想制定和评价企业决策。作为企业的 CEO，责任重大，自己的一个小小的失误就可能会造成整个团队全局的失败，因此，CEO 应尽自己的努力对各个方面做相应的推算，为为期"6 年"的运营过程做准备。

CEO 应该具备统揽全局和组织协调的能力，一方面在充分研究分析市场需求的前提下布置好生产规划；另一方面在企业组织内部应尽力协调好各部门之间的物料资金合作关系，避免各部门因各司其职而缺少沟通，影响企业资金流。要保障企业实现长远发展。

另外，如何建立企业的战略也是一个相当重要的问题，无视企业长期发展的"当期"意识如果制约了管理者战略纵深思维的形成，则对企业持续发展和长期利益构成直接伤害。现代优秀 CEO 必须树立基于现实的未来意识，也就是长远发展的大局观，因为只有 CEO 的价值得以体现，所经营的企业才能持续发展、取得最终的胜利。

（二）CEO 的战略准备

在每年度运营的规划会议上，CEO 和全体组员都要坐下来一起讨论制定企业的发展战略，组织其他成员做好市场情况分析及作出市场毛利图，同时建立市场、产品、时间的模型，为以后制定企业整体发展方案和市场广告做准备。

1. 研究

（1）研究规则、市场预测、生产投资回收期

我们的决策全部都要在规则下制定，同时更需要符合市场的需求，因为生产经营持续 6 年，如何投入生产线及产品？应首先弄清投资回报率和投资回收期。

（2）研究竞争对手、自己

弄清对手的发展状况，确定谁是我们真正的对手，同时给自己定位。

2. 分析

（1）产品

产品专业化（选好毛利比较高的产品，我们可以做到重点生产某种产品或是只生产某种产品），选好自己的主打产品，做好品牌。

（2）市场

市场专业化（集中化）：在市场预测的基础上，选定适合自己企业财务状况、需求、生产周期的产品，在选定产品上集中投放广告费，争做市场龙头，在单个产品上抢占市场垄断地位，可以使企业抢占先机，保持盈利。

市场全面化：企业可以选择开发所有市场，但前提是要参考企业的财务状况和生产能力，在资金充足的情况下可以在企业经营之初选择全部开发，在资金不足的情况下可以根据需求选择在 6 年的经营过程中陆续开发，这主要取决于企业运营的流畅性、资金和产能的配比情况。

（3）融资渠道

贷款（长/短）：贷款和权益有关，一般来讲，长贷用于生产线投资和产品研发，短贷用于维护生产和生产周转。

贴现：预算好，尽量做到不贴现，贴现的费用很大，而且会因为应收款的问题导致恶性循环。

（4）生产线的安置

开局根据市场来确定生产，再根据生产总监的安排和财务总监的预算来制定怎么安放生产线。

（三）CEO 的战略制定

在制定战略之前，一定要和市场总监讨论沟通，市场分析是最重要的环节，所有的策略、方案都是根据市场来制定的。自身的发展，目的是服务于市场，是市场决定方案，而不是方案决定市场，所以准确全方位的分析才是方案制胜的关键。

CEO 配合市场总监分析市场，通常通过量、价、时、空四个要素来全方位分析。

量——市场需求量。需求量决定了自身产品能否销售出去，所以要学会以销定产，据此变化产品组合。

价——销售价格（产品利润）。产品的利润决定了自身的毛利，所以，在制定方案中，必须对每种产品每个市场的利润进行准确分析。营销总监要有目的性地投放广告额度，来获取更多销售，获得更大利润。

时——产品出现时间。ERP 沙盘 6 年里，每一种产品在每一年里的走势是不断变化的，所以要准确地抓住产品特性走势，从而使销售更加符合市场走势。

空——产品空白区域。这是分析市场最关键的一个要素。要想在方案制定中胜于其他人，必须要学会分析市场空白区域在哪里？

通过市场预测，不难看出产品的价格高低、需求量大小。如果在一次比赛中某种产品的价格过高、需求量较大，在这样的市场中，必然会出现撞车现象，因此要学会分析市场空白区域。在市场抢单过程中，当各个企业都将目标锁定在优势产品上的时候，放弃竞争较为激烈的紧俏市场，转而以较少的代价获取价格相对较低产品的市场，通过降低成本扩大销售的方式获利也是一个不错的选择。以某次国赛市场规则为例，此规则中 P5 以 P2 为原材料，第六年 P5 产品价格较高，利润达到 72 万元（122 万元市场均价 − 50 万元成本价），较多人选择卖 P5，因此使 P2 产品形成极大的市场空白。而 P5 的利润虽然为 72 万元，但是由于 P5 包含 P2 产品，所以要减去 P2 产品的利润，即（72 − 30 = 42 万元），而当年 P2 产品的价格在 50 万元左右。所以大量投放广告去卖 P5 与很少投放广告卖 P2 的效果几乎一样。因此，在销售中，必须要有填补市场空白的辅助产品，目的就是产品零积压、材料库存零积压。不占用现金流，并且最大可能地提高利润来增加权益，能够为企业后续发展打下基础。

ERP 沙盘里有多种经营战略，合适灵活的战术创新往往是取胜的灵魂，下面列举几种常见的战术。

1. 压制型

顾名思义，压制对手，从开场做起，最大限度地利用权益贷款，封锁本地市场最大利润销售路线，利用长期 + 短期贷款大力发展生产与高科技路线，给每一个市场都施加巨大压力，当对手气喘不过来也开始贷款时，利用他们的过渡期可以一举控制两个以上的市场，继续封锁销售路线，逼迫对手无法偿还高息而走向破产。此战术不可做任何保留，短长期双向贷款为的就是广告 + 科技 + 市场 + 生产线能最早成型，走此路线一定要争取当第 1 年和第 2 年的市场龙头，巨额贷款的利息让人汗颜，无法控制市场取得最大销售量就等于自杀。

2. 跟随型

这种企业只有一个目的：不破产。等机会在竞争激烈化后收拾残场，这样的企业一般不会破产，也不会拿到第一。首先在产能上要努力跟随市场龙头的开发节奏，同时内部努力降低成本，在每次新市场开辟时均采用低广告策略，规避风险，稳健经营，在市场龙头两败俱伤时立即占领市场。此策略的关键首先在于一个稳字，即经营过程中一切按部就班，广告投入、产能扩大都是循序渐进，逐步实现，稳扎稳打。其次，要利用好时机，因为时机是稍纵即逝的，对对手一定要仔细分析。

3. 保守型

前 4—5 年保住自己的权益不下降，不贷款，小量生产，到最后一年全额贷款，开设多条生产线，购买厂房，把分数最大化。

4. 忍辱负重型

有的企业在前期被迫马上贷款转型，占据新开发的市场来翻盘；有的只研制 P1，尽量省钱在国际市场开放后一鼓作气垄断 P1 市场争取最大销售额；有的直接跳过 P2 的研制，从 P1 向 P3 转型，用新产品抢新市场份额；更有甚者忍 3 年，后期用 P4 获取市场最大毛利翻盘。这样的企业在前两年举动十分明显：不发展新产品但增加生产线，或者不抢市场份额而利用贷款增加生产线走高科技路线，此时竞争者要时刻留意他们的发展，因为他们远比正面争夺市场的人更具威胁性，必须要在他们爆发的那个时期控制住他们。

（四）CEO的战略实施

在战略实施的过程中，CEO要做到胆大心细，开源节流，平稳心态，审时度势，随机应变，全盘分析。古人云："逆境生还者，众人敬之也。"一个好的开局对结果起决定性作用，广告绝不吝啬。要有敢于实施的勇气，不给对手任何机会。

1. 审时度势、随机应变

在ERP沙盘6年的经营过程中，会遇到很多预料不到的突发事情，比方说接单不好、策略撞车、自身失误、电脑卡机等原因。并且同样的开局，如何才能优于他人？那就要学会，用一样的钱来办更多的事情。例如2014年高职国赛，扩大生产线，通过灵活长短贷款来降低财务费用，提高税前利润，而假如策略撞车（一种产品竞争激烈）后，通过开局的柔性线及时转产，将库存降至为零。提高销售额，从而提高毛利，因为产品只要卖出就会有利润。切忌继续硬着头皮生产，造成产品积压，导致恶性循环。

2. 正确的领导决策

ERP沙盘中，企业每次作出的决策对于公司的发展都起到了重要的作用。在经营过程中，企业的CEO起到拍板定案的作用，队友的任何建议，都应该认真听取，然后通过自身经验与详细数据计算分析，确定企业如何发展，这样才能获得更大利润。

3. 自身零失误

在真正的大赛中，其实最大的敌人就是自己，由于比赛紧张，心理起伏波动较大，任何一个小失误，都可能导致预算全部付诸东流，甚至走向破产边缘，例如接单失误、产能计算出错、原材料采购出错、广告投错市场、忘记转产等，所以增强平时训练的强度，熟练掌握操作流程，调整心理状态，做到轻装上阵是成功的关键。

4. 组间成员的配合

CEO要确保每个成员的有效沟通，市场总监打多少广告抢多少订单，不仅要看产能，还要看财务总监有没有这多钱支持生产。这也是ERP和MRP的区别。每年开始生产之前要做现金流预算。采购最好实现零库存，不然会占用现金流。

ERP 沙盘中 CEO 最主要的责任，就是把全组人拧成一股绳，让每个人在自己的位置上都可以充分发挥自己的作用，ERP 沙盘模式中最重要的是团结，只有全组人团结协作，才能在沙盘演练中立于不败之地。

（五）CEO 的注意事项

目前市面上存在的用友创业者沙盘、用友商战沙盘、ITMC 企管沙盘以及金蝶沙盘，基本都是通过角色分配，进行贷款、购置固定资产、采购、生产、销售、交货、最后收款、提取利润的模式流程。对于一个企业来说，这些是不可缺少的，但是如果要将沙盘做到更好，还应该加入：市场总监根据市场预测计算出每个市场每种产品的毛利，看看哪个市场哪种产品的毛利高；然后大家一起讨论选择研发哪个市场的产品，并且开拓这些市场，争取做市场龙头。

1. 销售计划的设定

一个好的销售计划一定是符合企业自身的特点，适用于本企业发展现状的计划。

设备投资与改造是提高产能，保障企业持续发展的策略之一。企业进行设备投资时需要考虑以下因素：市场上对各种产品的需求状况、企业目前的产能、新产品的研发过程、生产线的投放、投资分析、新建生产线、用于生产何种产品、资金来源问题。

2. 如何把握 ERP 的真正时机

企业资源计划是指在企业资源有限的情况下，如何整合企业可利用的资源，使之在提高企业竞争力的同时，使企业的收益最大化。在用友 ERP 沙盘对抗赛中经营的虚拟企业要做好资源计划，就需要对企业的整体资源作出长远的计划。如此在财务方面一定要做好现金预测，这对 CFO 及其助理提出了更高的要求。CFO 需要做好企业资源计划，是基于战略发展的需要，战略方向确定后，CFO 就要开始这一工作。那么如何做好这一基础工作呢？

第一，能否搜集到必要且准确的市场信息是企业战略制定和执行的关键。

尽管竞争对手都身受竞争环境的困扰不得解脱，但没有想经营破产的企业。每一家企业都在尽量搜集信息，并对自己所掌握的信息进行筛选，再做对手的现实战略分析和未来发展方向的判断。当各家都认识到经营企业不是闭门造车时，就都想看别人是怎么造"车"的，同时也都想保持自己的秘密战略，所以做好这一工作不是件容易的事，需要掌握最新的市场信息，把握竞争对手非常细微的动作。比如在年末公布企业经营情况时，就要把竞争对手的在建工程及产品原材料订单等数据及时抓住，这样就能够对下一年对手期初用哪条生产线生产哪种产品作出判断。这样会尽量避免与对手在下年初同一市场上的广告拼杀。在模拟的场景中，每个市场的需求量是不变的，不断变化的是满足需求时各家的最终决策。每一项决策的最终拍板并不像赌徒把钱押在"宝"上一样，若那样，付出的代价太大，认识到代价惨重时，后悔也来不及了。所以"宝"还是要押的，但胜算不是 50%，而是要有90% 的把握。

第二，做好团队管理是团队成功的基础。

没有完美的个人，却有优秀的个人，有优秀的个人才有完美的团队。实现团队成员协作是参赛团队所追求的目标，然而这一目标远非说和想的那样轻松。团队成员的默契若想在短时间内实现，就要在不断的冲突中充分用实践去证明自己的观点是经得起考验的。假设财务总监对生产总监和市场总监以及采购总监的行为不作出自己的判断，当他们需要费用时就给，情况很快就会变得很糟糕。ERP 更多地教我们如何去做企业资源的计划，而不是通过某种侥幸获得意外的收益。

二、CEO 企业经营流程记录表

（一）季初现金盘点

每个季度初，财务总监核对企业库存现金情况，并填写现金预算表，CEO 帮助财务总监进一步审核。

（二）在监督各成员正确完成各项操作后，在运营任务清单对应的方格内打"√"

小组所有成员在进行企业运营操作过程中，每完成一项工作任务，就要在现金预算表中工作任务栏后面对应的方格内打"√"，每个季度末，CEO 需要逐一审核小组成员所有已完成的工作任务，查漏补缺。

（三）季末盘点

每个季度末，CEO 需要核对企业整个季度的现金、生产、采购、销售整体运营情况，发现问题，应及时做好各部门之间的协调和沟通工作，并为下一季度的运营做好预算规划方案，并与小组成员进行协商讨论。

每季度末，企业应对现金、原材料、在产品和产成品进行盘点，并将盘点的数额与账面结存数进行核对，如何账实相符，则将该数额填写在任务清单对应的方格内。如果账实不符，则找出原因后再按照实际数填写。

余额的计算公式为

现金余额＝季初余额＋现金增加额－现金减少额

原材料库存余额＝季初原材料库存数量＋本期原材料增加数量－本期原材料减少数量

在产品余额＝季初在产品数量＋本期在产品投产数量－本期完工产品数量

产成品余额＝季初产成品数量＋本期产成品完工数量－本期产成品销售数量

（四）反思与总结

经营结束后，CEO应召集团队成员对当年的经营情况进行分析，分析决策的成功与失误，分析经营的得与失，分析实际与计划的偏差及其原因等。必须用心总结，用笔记录，沙盘模拟是训练思维的过程，同时也应是锻炼动手能力的过程。填列现金预算表（见表5-1），从而掌握企业运营的现金流状况。

表5-1　　　　　　　　　　　现金预算表

企业经营流程 请按顺序执行下列各项操作。	每执行完一项操作，CEO请在相应的方格内打钩。 财务总监（助理）在方格中填写现金收支情况。			
新年度规划会议				
年初库存现金				
支付应付税				
市场广告投入				
支付长贷利息				
申请长期贷款				
季初盘点				
贴现额				
贴现利息				
短期贷款还本付息				
申请短期贷款				
原材料入库/更新原料订单				
购买、租用厂房				
生产线投资				
转产费用				
紧急采购				
开始下一批生产				
收到现金前所有支出				

续表

应收款到期				
产品研发投资				
支付行政管理费				
市场开拓投资				
ISO 资格认证投资				
支付设备维护费				
现金收入合计				
现金支出合计				
期末现金对账（请填余额）				

第二节　营销总监操作内容

一、营销总监工作流程

（一）市场总监的主导作用

如果把 ERP 看成是战场，那么市场总监就是我们的攻击先锋。在现实中，对于一个企业而言没有市场销售就没有利润，没有利润就不会维持企业的生存，更何谈发展，一个企业，让资金流不断流转才能获利，而对于生产型企业而言，让资金流回的唯一方式就是销售产品，最大化销售产品使得资金不断流回企业用于企业生产和支出，才能使企业生存和发展，在 ERP 模拟中才会获得成功。市场总监地位特别重要，下面从流程来进行总结。

在选单环节之前，生产总监通常会先计算自己的产能，知道每个季度可以生产多少个产品，生产什么产品，有多少个产品是可以通过转产来实现灵活调整的。在对自己的产能情况了如指掌后，通过对整体宏观市场预测分析市场，大概确定出准备在某个市场出售多少个产品，同时决定与之必要的广告费。

在所有组的广告投放完成之后，我们可以通过短暂的一两分钟时间快速地分析出自己在各个市场选单的次序。这时候我们需要对比分析原来设计的产品投放安排，根据各个市场选单排名作出及时的调整，以保证自己可以顺利实现利润最大化的销售。

在实际比赛中经常会遇到一个很纠结的问题。大需求量的单子往往单价比较低，接了这样的单子利润比较薄，有些不甘心；单价高利润大的单子，又往往是些数量小的单子，接了这样的单子又怕不能把产品都卖完，造成库存积压。到底是应该选单价高的产品还是选销量大的产品？面对这样两难的问题，我们应该根据赛场上的具体情况灵活应对（以利润最大化为目标，一般没有特殊战略的话选择零库存）。

通常在初期，各家的产能都比较大，由于前期发展的需要，应以尽可能多地销售产品为目标。在后期，由于市场和产品的多样化，以及部分企业的破产倒闭，有可能导致市场竞争反而放缓。在这种情况下，很多时候只要投 10 万元就有可能"捡到"一次选单机会，这时"卖完"已经不是企业最重要的任务，而更多地应该考虑怎么将产品"卖好"。特别是在大赛中，到了后期强队之间的权益可能只相差几万元，而产能是每年只能生产几十个产品，这时如果可以合理地精选单价高的订单，很有可能造成几百万元甚至上千万元的毛利差距。

下面介绍关于订单分解的一些经验。以下完全是经验公式，仅适用一些标准订单，比赛时要根据当时的情况具体分析。通常：订单最大数 = 该市场该产品总需求 ÷（参数组数 ÷ 2）。若大于 3 或 4 则向下取整，若小于等于 3 或 4 向上取整。第二大单的数量受第一大单影响，若第一大单大于 4 则减 2，若第一大单小于 4 则减 1。

（二）广告投放

如何做市场龙头企业？笔者在网上针对抢一个市场龙头地位需要投入多少广告费做了一个调查，结果显示选择 50 万 ~ 100 万元广告费的占 9.14%；选择 100 万 ~ 150 万元广告费的占 32.87%；选择 150 万 ~ 200 万元广告费的占 53.44%；选择 200 万 ~ 250 万元广告费的占 4.55%。由此可见，大家普遍选择 150 万 ~ 200 万元广告费。这难道是巧合吗？实际上让我们仔细算一笔账就会发现抢市场龙头的成本怎么样最划算。

首先我们把市场龙头给我们带来的优势做一个时间假设。经常参加沙盘比赛的人都熟知，通常由于市场逐渐开拓和产品种类的逐渐丰富，产品需求量在后两年会大幅度增加，因此市场龙头的真正价值也就在于前四年的市场选单。那么我们暂且把第二年的市场龙头效应算到第四年的市场选单。假设产能较小的情况下，第一年投入某市场 180 万元的广告额并成功成为市场龙头，第二年、第三年每年投放 60 万元在这个市场拿两种产品的订单，在这个市场三年总共投入 300 万元的广告费，每年平均在这个市场的广告费 100 万元。假设将这 100 万元的广告费分散投放在不同的产品市场，获得的订单是否会优于我们抢占市场龙头地位的情况呢？实践证明，如果大家产能都相对较少，在市场竞争不激烈的情况下，100 万元完全可以顺利地将产品卖完，这时如果不经过周密的计算，狂砸猛投广告费去抢市场龙头地位，显然是得不偿失的。相反，在大家产能都很高、竞争非常激烈的情况下，市场龙头的优势才能逐渐体现出来。另外，规则告诉我们："市场龙头是指该市场上一年度所有产品总销售额最多的队伍，市场龙头有优先选单的权利。在没有龙头的情况下，根据广告费多少来决定选单次序。"于是很多人认识上存在一个误区，以为市场龙头就是比谁的广告费多。其实不然，市场龙头归属比较的是整个市场的总销售额，而非一个产品单一的销售额。举例来说，甲公司生产 12 个 P1 产品，而乙公司 P1、P3、P4 三种产品均生产 4 个。在选单过程中，甲公司投入的 P1 广告费要大于乙公司投入三种产品的广告费之和，但由于乙公司 P3、P4 产品的价格高于 P1，最终销售总额明显多于乙公司。那么无论甲公司投入多少广告费，市场龙头仍然不是甲公司。这就要求我们在抢市场龙头地位的时候，不能只靠"蛮力"猛砸广告费，更多地要考虑如何利用"巧劲"（合理的产品结构）来"偷"龙头地位。

市场龙头是把"双刃剑"，用的好了，一路高歌领先到底；用的不好，也很有可能"赔了夫人又折兵"。因此到底要不要抢占市场龙头地位，以多少广告费抢占市场龙头地位，以什么样的产品组合抢占市场龙头地位，这些都需要经过严密的计算，之后再与竞争对手博弈。

1. 该投多少广告费

广告费怎么投？该投多少？这往往是在比赛训练过程中经常遇到的一个问题，很多人希望得到一个秘籍、一个公式、一个方法，可以套用，而且保证准确。其实在沙盘比赛过程中，几支队伍真正博弈交锋就是在市场的选单过程中，产品的选择、市场的选择都集中反映在广告费用投放策略上。兵无定势，水无常形，不同的市场、不同的规则、不同的竞争对手等一切内外部因素都可能导致广告投放策略的不同。因此要想找一个公式做到广告投放准确无误是很难的。那是不是投放广告就没有任何规律可循呢？当然不是，很多优秀的营销总监都有一套广告投放的技巧和策略。下面我们探讨广告投放的基本考虑要素，从而帮助我们更好地做好广告投放，当然还是那句话，没有绝对制胜的秘籍，下面提供的方法也仅仅是提供一种思路，供大家参考。

通常我们做市场预测，首先要做的就是将图表信息转换成我们易于读识的数据表。通过这样"数字化"转换以后，我们可以清晰地看到，各种产品、各个市场、各个年度不同需求和毛利。通过这样的转换，不仅可以让我们明了不同时期市场的"金牛"产品是什么，更重要的是，通过市场总需求量与不同时期全部队伍的产能比较，可以分析出该产品是"供大于求"还是"供不应求"。通过这样的分析，就可以大略地分析出各个市场的竞争激烈程度，从而帮助我们制定广告费策略。另外，除了考虑整体市场的松紧情况，我们还可以将这些需求量除以参赛的队数，这样得到一个平均值。那么在投广告时，如果你打算今年出售的产品数量大于这个平均值，意味着你可能需要投入更多的广告费用去抢别人手里的市场份额。反过来，如果打算出售的产品数量小于这个平均值，那么相对来说可以少投入广告费。除了刚才说的根据需求量分析以外，广告费的投放有时还要考虑整体广告方案，充分利用吃透规则："若在同一产品上有多家企业的广告投入相同，则按该市场上全部产品的广告投入费决定选单顺序；若市场的广告投入费也相同，则按上年订单销售额的排名决定选单顺序。"在某一市场整体广告费偏高，或者前一年度销售额相对较高的情况下，可以适当优化部分产品的广告费用，从而实现整体最优的效果。

特别是在投放类似20万元、40万元、60万元这样偶数广告费的时候，是否可以考虑一下，投偶数广告额是否有必要。通常投放偶数的广告费，目的并不是为了多一次选单机会，而是为了压制奇数的广告费。如果这个时候该市场的广告总额投入比较大，那么根据选单原则"同一产品广告费相等的情况下，按整个市场的广告总额决定选单顺序"，很有可能即使少10万元，投了跟别的组相同奇数的广告费，也会因为整体广告费比较多而先选单。这样最终的选单效果是一样的，还可以节约10万元的费用，真是一举两得。

先说最大单，数量应是市场总量的三分之一，第二大单比最大单数量一般少2个，然后说带ISO认证要求的，第三年就有这个要求的订单，第四年基本上每张订单都有这个要求，第五年、第六年就要占到80%了，所以这两个认证很重要，能早得到就早得到，或许就能多拿到一张订单。在总结出每种产品每年每个市场最大单数量及毛利的情况之后，以上问题就一目了然了，总的来说应采取多产品单市场战略，绝对不能采用单产品多市场战略，因为市场龙头这个规则非常有影响力，第一年要多投放广告，一定要抢下本地市场龙头位置，因为本地市场无论什么产品价格都很高，与它一样的还有亚洲市场，这两个市场对于 P2、P3 来说更是这样，数量大，价格高，是拿第一的保证，P1 价格逐渐走低，后期只有一个国际市场有利润空间，而 P2、P3 才是赚钱的主力，后期可以主打 P3 产品，多卖一个 P3，就多 50 万元的毛利，而 P4 发展空间太小，起不到什么作用，费用还高，可以选择不开发。第二年 P2、P3 产品出现，可以有针对性地考虑怎样安排生产线。如果是本地龙头就应保持，不是的话就要用这两个产品来抢单。

2. 广告投入的技巧

（1）市场龙头

市场龙头在投广告费的时候，对于需求量相对较大的产品 P2、P3 或 P4 最好投 3 万元。以免有人"偷袭"你的市场龙头地位，而且如果有第二次选单机会，你可以选取一张单价比较好的订单。

（2）非市场龙头

在有市场龙头的市场里最好打价格差，即投广告费时以 20 万元、40 万元、60 万元、80 万元为主，但是也不排除投放高广告费的情况。

（3）新市场

在新市场上，如果想要争夺市场龙头的话，广告费必须打价格差，广告费总额应在 120 万元以上。如果不想争夺市场龙头的话，广告费以 10 万元、20 万元为主。

（4）技巧

在投广告费的时候，一定要综合考虑各个组的产能及市场龙头的情况。

比如，某一年本地市场 A 组是市场龙头，其产能是 8P2、12P3、8P4，而 P2、P3、P4 的总需求是 120 个、150 个、60 个，那么我们可以抢市场龙头地位，广告费 P2 投 10 万元或 P3 投 30 万元或 P4 投 10 万元即可，同时，经过我们的估计，其他各组只有 E 组能有多余的 P2，那么 E 组会选择接散单，所以，我们只需要投 30 万元或 40 万元广告费就可以了。

（三）各角度分析市场

1. 市场角度

本地市场，兵家开局必争之地。前三年 P1、P2 价格上涨，四年之后价格下滑。前三年可以为后期积累大量的资金，缓解贷款高利息带来的压力。中后期保障资金流畅。建议争夺产品订单，积压产品对资金的流动性非常不利，市场龙头不是 1 = 1 的关系，是 1 = 1 + 1 的关系，一次广告争夺成功等同于两次主动占据市场龙头地位。

区域市场，开发期短，市场需求量大，三年后价格明显下滑，可以在前三年赚取足够利润后第四年退出。

国内市场，该市场的成型时期与 P3 产品的开始期极其接近，也正是 P2 产品的成熟期，此市场利润很大（相对 P2 与 P3 来说）。

亚洲市场，开发期长，P3 的成熟期，有 ISO 认证要求，但是利润远远大于申请认证所花费的资金。第四年可以放弃区域市场的争夺而转向争夺亚洲市场。

国际市场，P2、P3、P4 的价格平凡，但是 P1 的价格极大程度地回升，要想争夺此市场，至少要留一条 P1 生产线。

2. 产品角度

P1，成本低，前期需求大。因为研发周期极短，所以前两年无疑就是 P1 的争夺战。

P2，成本不高，需求量稳定，材料补充快，研制周期短，倘若第一年本地市场龙头位置没争夺到，可以利用提前开拓 P2 来争取区域市场龙头位置。在第三年之后，可以由 P2 向 P3 转移继而争夺国内甚至亚洲龙头位置。

P3，利润高，研发成本高，可以作为后期压制对手与翻盘的一把利剑，建议在第三年后主要生产 P3 来压制科技发展慢的企业。可以说谁控制了 P3 市场谁就能控制国内与亚洲市场。

P4、P5 研发成本极高，研发周期长，资金压力大，虽然说利润不菲，但是对生产要求很严格。

3. 广告角度

想把商品卖出去必须抢到单子，小打广告小卖产品所得利润只能弥补广告费与运营费用，但是贷款的利息逐年扣除，为了维护自己的权益，必须适量销售产品。

至于广告费的多少可以从多角度考虑：如果观察到对方放弃大量产品的生产而在拼命发展科技的时候，广告费不宜过大；如果发现每个企业都大量囤货时，可以避其锋芒保单即可，也可以大胆压制，消耗对方的广告费，哪怕比第二名多投 30 万元，利润不在于所赚的毛利有多少，而在于与对手拉开的差距有多大，压制是一种保本逼迫对手急躁犯错的战术。

另外，市场总监是一个在变幻莫测的战场上的开头先锋，是否能精确掌握市场的变化，是否能抓住机会，是否能在短时间内确定最适合自身企业发展的订单，是在变幻莫测的市场中取得一席之地并最终获胜的必要条件。

（四）市场预测分析案例讲解

表 5 – 2 市场均价预测 单位：万元

					市场预测表——均价		
序号	年份	产品	本地	区域	国内	亚洲	国际
1	第 2 年	P1	56.9	56.3	0	0	0
2	第 2 年	P2	75.03	72.55	0	0	0
3	第 2 年	P3	83.47	86.77	0	0	0
4	第 2 年	P4	98.29	100.56	0	0	0
5	第 2 年	P5	107.85	108.08	0	0	0
6	第 3 年	P1	52.18	55.25	55.43	0	0
7	第 3 年	P2	68.58	71.17	70.85	0	0
8	第 3 年	P3	82.15	81.38	82.93	0	0
9	第 3 年	P4	94.43	98.6	93.36	0	0
10	第 3 年	P5	102.91	105.11	109.78	0	0
11	第 4 年	P1	58.2	57.76	57.41	57.23	0
12	第 4 年	P2	73.13	72.56	72.84	72.25	0
13	第 4 年	P3	87.07	88.44	85.11	86.7	0
14	第 4 年	P4	99.88	96.62	97.09	99.89	0
15	第 4 年	P5	109.33	109.38	107.36	108.22	0
16	第 5 年	P1	53.8	55.04	57.87	57.39	57.56
17	第 5 年	P2	73.35	70.76	74.67	72.08	74.12
18	第 5 年	P3	85.08	86.44	89.25	87.33	81
19	第 5 年	P4	99.5	99.44	102.13	101.86	103
20	第 5 年	P5	105.18	108.5	107.94	105.36	105.5
21	第 6 年	P1	52.07	50.28	48.39	48.94	53.2
22	第 6 年	P2	72.97	66.17	67.43	67.67	74
23	第 6 年	P3	82	82.11	84.5	85.62	88.81
24	第 6 年	P4	93.91	93.04	95.95	95.17	103.16
25	第 6 年	P5	105.95	103.75	107.44	108.84	110.89

表 5 – 3　　　　　　　　　　　市场需求量预测　　　　　　　　单位：个

序号	年份	产品	本地	区域	国内	亚洲	国际
1	第 2 年	P1	48	50	0	0	0
2	第 2 年	P2	30	29	0	0	0
3	第 2 年	P3	17	13	0	0	0
4	第 2 年	P4	14	18	0	0	0
5	第 2 年	P5	13	12	0	0	0
6	第 3 年	P1	49	44	44	0	0
7	第 3 年	P2	31	29	26	0	0
8	第 3 年	P3	13	13	14	0	0
9	第 3 年	P4	14	10	11	0	0
10	第 3 年	P5	11	9	9	0	0
11	第 4 年	P1	60	51	46	43	0
12	第 4 年	P2	39	27	19	24	0
13	第 4 年	P3	14	9	9	10	0
14	第 4 年	P4	17	13	11	9	0
15	第 4 年	P5	12	13	11	9	0
16	第 5 年	P1	54	50	39	44	32
17	第 5 年	P2	26	34	33	25	16
18	第 5 年	P3	12	9	8	12	1
19	第 5 年	P4	18	18	15	14	1
20	第 5 年	P5	17	14	16	14	4
21	第 6 年	P1	61	50	41	36	20
22	第 6 年	P2	40	36	21	21	15
23	第 6 年	P3	22	19	20	16	21
24	第 6 年	P4	23	23	21	24	19
25	第 6 年	P5	21	20	16	19	18

企业经营模拟实训（ERP沙盘）

表5-4　　　　　　　　市场预测订单数　　　　　单位：个

序号	年份	产品	本地	区域	国内	亚洲	国际
1	第2年	P1	17	18	0	0	0
2	第2年	P2	11	9	0	0	0
3	第2年	P3	6	4	0	0	0
4	第2年	P4	5	7	0	0	0
5	第2年	P5	13	12	0	0	0
6	第3年	P1	17	16	16	0	0
7	第3年	P2	11	11	10	0	0
8	第3年	P3	5	5	6	0	0
9	第3年	P4	6	4	5	0	0
10	第3年	P5	5	4	4	0	0
11	第4年	P1	21	18	16	15	0
12	第4年	P2	14	10	7	9	0
13	第4年	P3	6	4	4	4	0
14	第4年	P4	7	5	5	4	0
15	第4年	P5	5	5	5	4	0
16	第5年	P1	19	18	14	16	12
17	第5年	P2	10	12	12	9	6
18	第5年	P3	5	4	4	5	1
19	第5年	P4	7	7	6	6	1
20	第5年	P5	7	6	6	6	2
21	第6年	P1	21	18	15	13	8
22	第6年	P2	14	13	8	8	6
23	第6年	P3	8	7	8	6	8
24	第6年	P4	9	9	8	9	7
25	第6年	P5	8	8	6	7	7

122

表 5 – 5　　　　　　　市场预测分析毛利　　　　　　单位：万元

序号	年份	产品	本地	区域	国内	亚洲	国际
1	第2年	P1	36.9	36.3	0	0	0
2	第2年	P2	45.03	42.55	0	0	0
3	第2年	P3	43.47	46.77	0	0	0
4	第2年	P4	48.29	50.56	0	0	0
5	第2年	P5	57.85	58.08	0	0	0
6	第3年	P1	32.18	35.25	35.43	0	0
7	第3年	P2	38.58	41.17	40.85	0	0
8	第3年	P3	42.15	41.38	42.93	0	0
9	第3年	P4	44.43	48.6	43.36	0	0
10	第3年	P5	52.91	55.11	59.78	0	0
11	第4年	P1	38.2	37.76	37.41	37.23	0
12	第4年	P2	43.13	42.56	42.84	42.25	0
13	第4年	P3	47.07	48.44	45.11	46.7	0
14	第4年	P4	49.88	46.62	47.09	49.89	0
15	第4年	P5	59.33	59.38	57.36	58.22	0
16	第5年	P1	33.8	35.04	37.87	37.39	37.56
17	第5年	P2	43.35	40.76	44.67	42.08	44.12
18	第5年	P3	45.08	46.44	49.25	47.33	41
19	第5年	P4	49.5	49.44	52.13	51.86	53
20	第5年	P5	55.18	58.5	57.94	55.36	55.5
21	第6年	P1	32.07	30.28	28.39	28.94	33.2
22	第6年	P2	42.97	36.17	37.43	37.67	44
23	第6年	P3	42	42.11	44.5	45.62	48.81
24	第6年	P4	43.91	43.04	45.95	45.17	53.16
25	第6年	P5	55.95	53.75	57.44	58.84	60.89

表 5 – 6　　　　　　　　　　　　　　每个队伍均量　　　　　　　　　　　　　单位：个

				市场预测表——每组均量					
序号	年份	产品	本地	区域	国内	亚洲	国际	单产品	年分配数量
1	第 2 年	P1	48	50	0	0	0	5.44	
2	第 2 年	P2	30	29	0	0	0	3.28	
3	第 2 年	P3	17	13	0	0	0	1.67	
4	第 2 年	P4	14	18	0	0	0	1.78	
5	第 2 年	P5	13	12	0	0	0	1.39	13.56
6	第 3 年	P1	49	44	44	0	0	7.61	
7	第 3 年	P2	31	29	26	0	0	4.78	
8	第 3 年	P3	13	13	14	0	0	2.22	
9	第 3 年	P4	14	10	11	0	0	1.94	
10	第 3 年	P5	11	9	9	0	0	1.61	18.17
11	第 4 年	P1	60	51	46	43	0	11.11	
12	第 4 年	P2	39	27	19	24	0	6.06	
13	第 4 年	P3	14	9	9	10	0	2.33	
14	第 4 年	P4	17	13	11	9	0	2.78	
15	第 4 年	P5	12	13	11	9	0	2.50	24.78
16	第 5 年	P1	54	50	39	44	32	12.17	
17	第 5 年	P2	26	34	33	25	16	7.44	
18	第 5 年	P3	12	9	8	12	1	2.33	
19	第 5 年	P4	18	18	15	14	1	3.67	
20	第 5 年	P5	17	14	16	14	4	3.61	29.22
21	第 6 年	P1	61	50	41	36	20	11.56	
22	第 6 年	P2	40	36	21	21	15	7.39	
23	第 6 年	P3	22	19	20	16	21	5.44	
24	第 6 年	P4	23	23	21	24	19	6.11	
25	第 6 年	P5	21	20	16	19	18	5.22	35.72

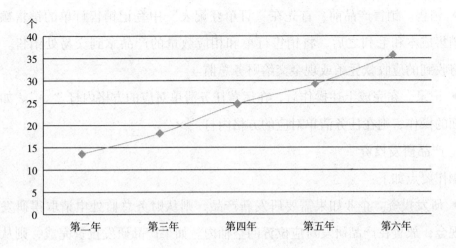

图 5 - 1　市场每组总需求走势

二、营销总监工作流程记录表

(一) 报表记录操作流程

根据上季度末产成品数量填写本季度初产成品数量。

1. 向其他企业购买产品

操作要点如下:

• 谈判。在进行组间的产品买卖时,首先双方要谈妥产品的交易价格,并采取一手交钱一手交货的交易方式进行交易。

• 购买。从财务总监处申请取得购买产品所需要的现金,买进产品后,将产品放置在对应的产品库。注意:购进的产品成本应当是购进时支付的价款,在计算产品销售成本时应当按该成本计算。

• 记录。在任务清单对应的方格内记录购入的产品数量。

2. 向其他企业出售产品

操作要点如下:

• 出售。从产品库取出产品,从购买对方取得现金后将产品交给购买方,并将现金交给财务总监。

• 记录。出售导致产品减少,所以,营销总监应在运营任务清单对应的方格内填上因出售而减少的产品数量。

3. 按订单交货

操作要点如下:

● 销售。销售产品前，首先在"订单登记表"中登记销售订单的销售额，计算出销售成本和毛利之后，将销售订单和相应数量的产品拿到交易处销售。销售后，将收到的应收款凭条或现金交给财务总监。

● 记录。在完成上述操作后，在运营任务清单对应的方格内打"√"。如果不做上面的操作，则在任务清单对应的方格内打"×"。

4. 产品研发投资

操作要点如下：

● 研发投资。企业如果需要研发新产品，则从财务总监处申请取得研发所需要的现金，放置在产品研发对应位置的空桶内。如果产品研发投资完成，则从交易处领取相应产品的生产资格证放置在"生产资格"处。企业取得生产资格证后，从下一季度开始，可以生产该产品。

● 记录。在运营任务清单对应的方格内打"√"。

5. 新市场开拓/ISO资格认证投资

操作要点如下：

● 新市场开拓。从财务总监处申请开拓市场所需要的现金，放置在沙盘所开拓市场对应的位置。当市场开拓完成时，年末持开拓市场的费用到交易处领取"市场准入"的标识，放置在对应市场的位置上。

● ISO资格认证投资。从财务总监处申请ISO资格认证所需要的现金，放置在ISO资格认证对应的位置。当认证完成时，年末持认证投资的费用到交易处领取"ISO资格认证"标识，放置在沙盘对应的位置。

● 记录。进行了市场开拓或ISO认证投资后，在运营任务清单对应的方格内打"√"，否则，打"×"。

6. 编制订单登记表和产品核算统计表

7. 选单

投放10万元广告有一次选单机会，每增加20万元多一次机会，广告投放可以为10万元、17万元。

（1）选单顺序

①根据本市场、本产品广告额投放大小顺序依次选单。

②如果两队本市场本产品广告额相同，则看本市场所有产品广告投放额。

③如果本市场所有产品广告投放总额也相同，则看上年本市场销售排名。

④如仍无法决定，先投广告者先选单，依据系统时间决定。

⑤第一年无订单。

（2）开单顺序

①选单时，两个市场同时开单，各队需要同时关注两个市场的选单进展。

②当其中一个市场先结束，则第三个市场立即开单，即任何时候会有两个市场同开，直到最后只剩下一个市场选单未结束。

③市场开放顺序分别为本地＋区域、国内、亚洲、国际。

④各市场内产品按 P1、P2、P3、P4、P5 顺序独立放单。

⑤选单时各队需要点击相应"市场"按钮，一个市场选单结束，系统不会自动跳到新开放的市场。

举例说明：假设在本地、区域、国内、亚洲四个市场进行选单。

首先本地和区域市场同时开单，当本地市场选单结束，则国内市场立即开单，此时区域、国内二市场保持同开，当区域结束选单后，则亚洲市场立即放单，即国内、亚洲二市场同开。直至选单结束。

8. 参加竞单会（系统一次放三张订单同时竞标，并显示所有订单）

参与竞标的订单标明了订单编号、市场、产品、数量、ISO 要求等，而总价、交货期、账期三项为空。竞标订单的相关要求说明如下：竞拍会的单子，价格、交货期、账期都是根据各个队伍的情况自己填写选择的，系统默认的总价是成本价，交货期为 1 期交货，账期为 4 账期，如要修改需手工修改。

（二）编制报表

沙盘企业每年的经营结束后，应当编制相关会计报表，及时反映当年的财务和经营情况。沙盘企业主要编制产品核算统计表、综合费用计算表、利润表和资产负债表。

1. 产品核算统计表

产品核算统计表（格式见表 5－7）是核算企业在经营期间销售各种产品情况的报表，它可以反映企业在某一经营期间产品销售数量、销售收入、产品销售成本和毛利情况，是编制利润表的依据之一。

表 5 -7   产品核算统计表

	P1	P2	P3	P4	合计
数量					
销售额					
成本					
毛利					

2. 订单登记表

产品核算统计表是企业根据企业实际销售情况编制的，其数据来源于"订单登记表"（格式见表 5 -8），企业在取得销售订单后，营销总监应及时登记订单情况，当产品实现销售后，应及时登记产品销售的销售额、销售成本，并计算该产品的毛利。年末，企业经营结束后，营销总监根据订单登记表，分产品汇总各种产品的销售数量、销售额、销售成本和毛利，并将汇总结果填列在"产品核算统计表"中。

之后，营销总监将"产品核算统计表"交给财务总监，财务总监根据"产品核算统计表"中汇总的数据，登记利润表中的"销售收入""直接成本"和"毛利"栏。

表 5 -8   订单登记表

订单号										合计
市场										
产品										
数量										
账期										
销售额										
成本										
毛利										
未售										

第三节　生产总监操作内容

一、生产总监工作流程

（一）生产的中坚作用

在沙盘团队合作中，生产人员是一个团队的核心组成部分，其与各个岗位的联系都非常紧密，因为生产人员负责生产线的建设和产能的控制，掌握着企业发展的生命——产品。

（二）生产的职能

为了使企业发展并且壮大起来，企业不仅要根据产品材料组成生产产品，满足对企业最低的要求，而且要尽可能多地产出产品，以最大可能利用生产线（尤其柔性线和手工线），使生产线井然有序地生产出所需要的产品是生产总监的基础能力。

（三）生产的技巧

每一年，生产总监都需要根据营销总监和 CEO 给出的企业发展计划作出相应的生产线投资，选择用什么样的生产线来进行生产。然后根据营销总监的拿单情况合理地安排生产，而营销总监在选单时需要生产总监给出生产线的产能信息，比如说第一年第一季度开始建设一条柔性线，那么到第二年第一季度营销总监开始选单前，他得到的产能信息就是第二年第二季度到第四季度都可以产出一个产品。根据给出的产能信息，营销总监才能根据生产情况选择适合企业发展的订单。这样就可以避免选择过多而造成违约的情况，这个时候就要求生产总监对企业投资生产线十分熟悉，以及对生产线产能数目十分熟悉，生产总监尽量在营销总监选单时就排好这一年度企业的生产过程，并且对于企业来说一开始的生产线建设肯定不能是一条线，如果有好几条线，特别是有好几条柔性线，则情况会更加复杂，这对生产总监的要求很高，比如一个企业以生产 P1、P2、P3 及 2 条柔性线和 2 条自动线（生产 P1 和 P2）开局（经典开局），如果生产总监不提前计算好各种生产线的产能情况，那么营销总监选单时就会产生混乱，从而造成生产线产能的浪费。营销总监熟悉生产线产能的具体排布情况，在选单时就有了目标和侧重点。

（四）生产线的选择

一个企业要想占取大面积市场份额就必须销售大量的产品，没有坚固的生产线根本无法与对手竞争，即使有单也未必敢接，如果造成了毁约更是得不偿失。下面介绍常见的生产线：手工生产线，该生产线灵活但是产率低，同样是一年 5 万元的维护费用，但是产率远远不及其他生产线，转产灵活与折旧费低是它的优势；自动生产线，该生产线产率是最高的，折旧费用适中，既使产率最大化，其成本消耗也不会太大，唯一的不足就是灵活性差，转产周期长，不建议转产，可用到最后，停产所造成的损失远比转产后所取得的经济效益大；柔性线生产线，该生产线最灵活、产率最高，缺点是折旧率高，不建议多建设，准备一条转产备用即可。

生产线如何选择取决于市场，不同的市场对应不同的生产线，主要看从哪方面去选择。

（五）生产的另一种身份

对生产总监来说，还有一个非常重要的身份，那就是企业间谍。生产总监要想对生产线的布置和产品生产两项工作都做得十分到位，达到随机应变的程度，则要求生产总监对产能的计算控制在 10 分钟之内，只有达到这个效率，才能在比赛中给自己更多的时间去做好企业间谍工作以及与各部门之间的配合工作。营销总监忙着制定相应的营销计划，财务总监忙着为企业寻找各种省钱的办法，生产总监该干些什么呢？这个时候生产总监就需要分析对手企业的信息，为企业的 CEO 和营销总监决策提供有效的依据。由于生产总监精通生产线的分类、产能和原材料的计算，在分析现金流量表时就能发挥重大作用，可以计算对手产能，使得营销总监可以根据市场预测准确地投放广告。在获得一系列信息后，与财务总监、营销总监进行相关的交流，可以使配合变得融洽、和睦。所以生产总监应尽量减少在沟通工作上花费的时间成本，要在间谍工作方面加强锻炼，提升业务水平，为企业的发展付出最大努力。

二、生产总监工作流程记录表

（一）报表记录操作流程

根据上季度末库存在产品数量填写本季度初在产品数量。

1. 更新生产/完工入库

操作要点如下：

将生产线上的在制品向前推一格。如果产品已经推到生产线以外，表示产品已完工。

2. 开始下一批生产

企业如果有闲置的生产线，尽量安排生产。因为闲置的生产线仍然需要支付设备维护费、计提折旧，企业只有生产产品，并将这些产品销售出去，这些固定费用才能得到弥补。

操作要点如下：

• 领用原材料。从采购总监处申请领取生产产品需要的原材料。

- 加工费。从财务总监处申请取得生产产品需要的加工费。

- 上线生产。将生产产品所需要的原材料和加工费放置在空桶中（一个空桶代表一个产品），然后将这些空桶放置在空置的生产线上，表示开始投入产品生产。

- 记录。在任务清单对应的方格内登记投产产品的数量。

3. 投资新生产线/变卖生产线/生产线转产

操作要点如下：

- 领取标识。在交易处申请新生产线标识，将标识翻转放置在某厂房空置的生产线位置，并在标识上面放置与该生产线安装周期期数相同的空桶，代表安装周期。

- 支付安装费。每个季度向财务总监申请建设资金，放置在其中的一个空桶内。每个空桶内都放置了建设资金，表明费用全部支付完毕，生产线在下一季度建设完成。在全部投资完成后的下一季度，将生产线标识翻转过来，领取产品标识，可以投入使用。

4. 变卖生产线

操作要点如下：

- 变卖。生产线只能按残值变卖。变卖时，将生产线及其产品生产标识交还给交易处，并将生产线的净值从"价值"处取出，将等同于变卖的生产线的残值部分交给财务总监，相当于变卖收到的现金。

- 净值与残值差额的处理。如果生产线净值大于残值，则将净值大于残值的差额部分放在"综合费用"的"其他"处，表示出售生产线的净损失。

5. 生产线转产

操作要点如下：

- 更换标识。持原产品标识在交易处更换新的产品生产标识，并将新的产品生产标识反扣在生产线的"产品标识"处，待该生产线转产期满可以生产产品时，再将该产品标识正面放置在"标识"处。

- 支付转产费。如果转产需要支付转产费，还应向财务总监申请转产费，将转产费放在"综合费用"的"转产费"处。

- 记录。正确完成以上全部操作后，在运营任务清单对应的方格内打"√"；如果不做上面的操作，则在运营任务清单对应的方格内打"×"。

6. 出售厂房

企业如果需要筹集资金，可以出售厂房。厂房按原值出售。出售厂房当期不能收到现金，只能收到一张4账期的应收款凭条。如果没有厂房，当期必须支付租金。

操作要点如下：

● 出售厂房。企业出售厂房时，将厂房价值拿到交易处，领回40万元的应收款凭条，交给财务总监。

● 记录。在任务清单对应的方格内打"✓"。

（二）填制生产总监记录表

填制生产总监记录表中产成品及生产线建设的相关内容。

表5－9　　　　　　　　　　　　　　生产总监记录表

生产线	第　年				第　年				第　年			
	第一季度	第二季度	第三季度	第四季度	第一季度	第二季度	第三季度	第四季度	第一季度	第二季度	第三季度	第四季度
1												
2												
3												
4												
5												
6												
7												
8												
9												
10												

续表

生产线		第　年				第　年				第　年			
		第一季度	第二季度	第三季度	第四季度	第一季度	第二季度	第三季度	第四季度	第一季度	第二季度	第三季度	第四季度
合计	原料入库数	R1： R3： R2： R4：	R1： R3： R2： R4：	R1： R3： R2： R4：	R1： R3： R2： R4：	R1： R3： R2： R4：	R1： R3： R2： R4：	R1： R3： R2： R4：	R1： R3： R2： R4：	R1： R3： R2： R4：	R1： R3： R2： R4：	R1： R3： R4：：	R1： R3： R2： R4：
	订购原料数	R1： R3： R2： R4：	R1： R3： R2： R4：	R1： R3： R2： R4：	R1： R3： R2： R4：	R1： R3： R2： R4：	R1： R3： R2： R4：	R1： R3： R2： R4：	R1： R3： R2： R4：	R1： R3： R2： R4：	R1： R3： R2： R4：	R1： R3： R2： R4：	R1： R3： R2： R4：
	当季产品数	R1： R3： R2： R4：	R1： R3： R2： R4：	R1： R3： R2： R4：	R1： R3： R2： R4：	R1： R3： R2： R4：	R1： R3： R2： R4：	R1： R3： R2： R4：	R1： R3： R2： R4：	R1： R3： R2： R4：	R1： R3： R2： R4：	R1： R3： R2： R4：	R1： R3： R2： R4：
	本年产品数	P1：	P2：	P3：	P4：	P1：	P2：	P3：	P4：	P1：	P2：	P3：	P4：
	库存产品数	P1：	P2：	P3：	P4：	P1：	P2：	P3：	P4：	P1：	P2：	P3：	P4：

第四节　采购总监操作内容

一、采购总监工作流程

对于商战系统来说，其采取的是信息管理系统中的企业集成化应用系统，属于企业资源计划的一种模拟形态。原材料的计算是 ERP 中的生产计划和物料管理。而对于生产总监而言，安排生产是前提，计算原材料是重点，企业间谍是极致。安排原材料的订购只是采购总监最最基本的能力。CEO 决定了企业的发展规划后，对于一个生产型企业来说，如果采购总监没有尽职尽责，造成企业原材料的缺货或大量库存，那么企业就没有办法完成订单要求的内容，或者大量占用流动资金。这就意味着要违约，导致企业权益严重受损，这对企业发展是十分不利的，更会打击团队的士气。

原材料的计算至关重要，如果原材料的计算不够精确，那么会出现以下几个弊端：

占用资金链。庞大原材料的购入，会占用一部分企业运营资金，经常这样就会使企业错过很多发展机遇，比如说，研发费用、生产费用不足等，这时想到最多的办法就是贴现，可是贴现是要财务费用的，财务费用增多就会降低权益，这对企业发展是不利的。企业应在原材料上下功夫，来节省这些财务费用。

造成过多的资源浪费。虽然一个材料的价格不高，但是材料多了，耗用的资金就多了，这就造成了资源的浪费。材料采购过多占用大量资金，使企业流动资金减少。

生产的条理不清。如果生产总监对于原材料的概念是混乱的，就会造成混乱的操作步骤，会导致缺少原材料而需要紧急采购的情况，而紧急采购会造成损失并降低权益。这样就造成了不必要的权益流失。生产总监应理清思路来降低这种人为操作的失误。

二、采购总监工作流程记录表

（一）报表记录操作流程

根据上季度末库存原材料数填写本季度初库存原材料数。

1. 原材料入库/更新原料订单

操作要点如下：

• 购买原材料。持现金和"采购登记表"在交易处买回原材料后，放在沙盘对应的原材料库中。

• 记录。在"采购登记表"中登记购买的原材料数量，同时在任务清单对应的方格内登记入库的原材料数量。

• 如果企业订购的原材料尚未到期，则采购总监在任务清单对应的方格内打"✓"。

2. 下原料订单

操作要点如下：

• 下原料订单。在"采购登记表"上登记订购的原材料品种和数量，在交易处办理订货手续；将从交易处取得的原材料采购订单放在沙盘的"原材料订单"处。

• 记录。在任务清单对应的方格内记录订购的原材料数量。

3. 向其他企业购买原材料/出售原材料

操作要点如下：

企业如果没有下原料订单，就不能购买材料。如果企业生产急需材料，又不能从交易处购买，就只能从其他企业购买。当然，如果企业有暂时多余的材料，也可以向其他企业出售，收回现金。

4. 向其他企业购买原材料

操作要点如下：

- 谈判。在进行组间的原材料买卖时，首先双方要谈妥材料的交易价格，并采取一手交钱一手交货的方式进行交易。

- 购买原材料。本企业从其他企业处购买原材料，首先从财务总监处申请取得购买材料需要的现金，买进材料后，将材料放进原材料库。应当注意的是，材料的成本是企业从其他企业购买材料支付的价款，在计算产品成本时应以该成本作为领用材料的成本。

- 记录。在任务清单对应的方格内填上购入的原材料数量，并记录材料的实际成本。

5. 向其他企业出售原材料

操作要点如下：

- 出售原材料。首先从原材料库取出原材料，收到对方支付的现金后将原材料交给购买方，并将现金交给财务总监。

- 记录。在任务清单对应的方格内填上因出售而减少的原材料数量。

6. 开始下一批生产

企业如果有闲置的生产线，应尽量安排生产。因为闲置的生产线仍然需要支付设备维护费、计提折旧，企业只有生产产品，并将这些产品销售出去，这些固定费用才能得到弥补。

操作要点如下：

- 发放原材料。根据生产总监的申请，发放生产产品所需要的原材料。

- 记录。在运营任务清单对应的方格内登记生产领用原材料导致原材料的减少数。

（二）填制采购总监工作记录表

采购总监需根据生产人员的产品生产核算计算并填制采购总监工作记录表中原材料采购部分的相关内容。

表 5 –10 　　　　　　　　　　　采购总监工作记录表

	生产线	第　年				第　年				第　年			
		第一季度	第二季度	第三季度	第四季度	第一季度	第二季度	第二季度	第四季度	第一季度	第二季度	第三季度	第四季度
1													
2													
3													
4													
5													
6													
7													
8													
9													
10													
合计	原料入库数	R1：R3：R2：R4：	R1：R3：R2：R4：	R1：R3：R2：R4：	R1：R3：R2：R4：	R1：R3：R2：R4：	R1：R3：R2：R4：	R1：R3：R2：R4：	R1：R3：R2：R4：	R1：R3：R2：R4：	R1：R3：R2：R4：：	R1：R3：R2：R4：	R1：R3：R2：R4：
	订购原料数	R1：R3：R2：R4：	R1：R3：R2：R4：	R1：R3：R2：R4：	R1：R3：R2：R4：	R1：R3：R2：R4：	R1：R3：R2：R4：	R1：R3：R2：R4：	R1：R3：R2：R4：	R1：R3：R2：R4：	R1：R3：R2：R4：	R1：R3：R2：R4：	R1：R3：R2：R4：
	当季产品数	P1：P2：P3：P4：	P1：P2：P3：P4：	P1：P2：P3：P4：	P1：P2：P3：P4：	P1：P2：P3：P4：	P1：P2：P3：P4：	P1：P2：P3：P4：	P1：P2：P3：P4：	P1：P2：P3：P4：	P1：P2：P3：P4：	P1：P2：P3：P4：	P1：P2：P3：P4：

续表

合计	生产线	第 年				第 年				第 年			
		第一季度	第二季度	第三季度	第四季度	第一季度	第二季度	第三季度	第四季度	第一季度	第二季度	第三季度	第四季度
	本年产品数	P1:	P2:	P3:	P4:	P1:	P2:	P3:	P4:	P1:	P2:	P3:	P4:
	库存产品数	P1:	P2:	P3:	P4:	P1:	P2:	P3:	P4:	P1:	P2:	P3:	P4:

第五节 财务总监操作内容

一、财务总监工作流程

财务是一个团队的"计划核心",任何数据都要经过财务的精密核算才能确定可行性,所有组员都必须懂得财务知识,这样才能做到与自身职位的密切结合,研讨出更科学的方案。

(一)长期贷款

长期贷款的利息是 10%,短期贷款的利息是 5%,第一季度、第二季度贴息是按 10% 计算的,第三季度、第四季度贴息是按 12.5% 计算的。这些都会影响财务费用,如果贴现的利息大于长短贷的利息,还有可能造成循环贴现。

因此,少贴现是前提,不以贴现还贷款的贷款都是合理的。

如果想要做到精细安排的话就要考虑以下几个方面:

长期贷款的总贷款额度以数字 4 结尾,如 14、24、34,因为利息按照年利率 10% 计算,并采用四舍五入的方法。贷款金额以 4 结尾可以节省 1 万元的长期贷款利息。第一年的长期贷款额度是根据方案选择的,产能相对较大的方案基本上都是拉满长贷,一般还款期限设为 3、4、5 年期,以减小还款压力。很多情况下长期贷款的数额与应收款方案有很大的关系。比如 12 条手工线的方案节奏好的情况下,第三年可以视情况加实线(自动线或柔性线),那么第三年第一季度可以选择贷满长期贷款。因为建设实线(自动线或柔性线)会占用相当大一笔资金,假设建设四条自动线,就需要花费 600 万元的现金。企业当年的应收款、自动线所需要的原材料费就会导致第四年的资金相当紧缺,这时企业需要用应收款贴现来偿还第四年的巨额短期贷款，如此循环贴现，无形中加大了财务费用，使企业整体利润受损。

（二）短期贷款

短期贷款的金额要求是20的倍数，贷款金额可以以数字9结尾。因为短期贷款的年利率是5%，采用四舍五入方法计算贷款利息，贷款金额以9结尾，可以节省1万元的贷款利息。短期贷款要和长期贷款合理搭配，从整体上减少财务费用。第一年第四季度的短期贷款需要考虑第二年第四季度的原材料费和加工费、应收款等，这样可以有效减少贴息。

（三）贴现

贴现要和长短贷配合使用，但要避免循环贴现。若选手每年的贴现都较少，就会无形中降低营运的风险，因为贴现会直接导致财务费用升高。在现金不是很宽松的情况下，可以贴现去多订购原材料，加大对市场选单的灵活性，以防止最后紧急采购原材料来满足订单的需求。关于这个问题仁者见仁智者见智，在实际比赛中还是要具体问题具体分析。财务总监要能够精准计算出三种融资方式的融资量，使三种融资方式灵活应用，互相结合。

（四）合理避税

关于避税的问题，第一个方法是利用年末的贴现来达到避税目的，第二个方法是加大产品研发投入。选择前者，下一年年初就可以拥有更多的现金；选择后者，则既可以增加企业适应市场变化的能力，又可以增强企业综合发展的潜力。

表5-11   利润表（一）   单位：万元

利润表	金额
销售收入	2206
直接成本	960
毛利	1246
综合费用	586
折旧前利润	660
折旧	120
付利息前利润	540
财务费用	118
税前利润	422
所得税	106
净利润	316

表 5 – 12 利润表（二） 单位：万元

利润表	金额
销售收入	2206
直接成本	960
毛利	1246
综合费用	586
折旧前利润	660
折旧	120
付利息前利润	540
财务费用	119
税前利润	421
所得税	105
净利润	316

表 5 – 11 和表 5 – 12 是某比赛参赛队第三年利润表，表 5 – 11 是年末贴现 260 万元，表 5 – 12 是年末贴现 270 万元，显然两者的净利润相同，我们应该选择后者，这样下一年年初就可以拥有更多的现金，同时，也达到了合理避税的目的。

所以一般在年末选择 1、2 账期的应收款贴现 10 万元，或 3、4 账期的应收款贴现 8 万元来达到避税目的，当然也可以贴现 20 万元。

（五）税收的计算

税收看似简单，但是很多人并没弄明白税收要怎么扣除、怎么具体操作。虽然出错的概率并不大，但是个很值得研究的问题。首先大家要理解几个专业术语。

（1）税前利润是指已经扣除综合费用、财务费用、折旧，但未扣除税金时的利润。

（2）应纳税额是指税前利润扣除弥补前面年份亏损的部分之后的数额，如果该数值为负，则应纳税额为零。如不为负，则正的部分为应纳税额，需要按照规则中税收的公式进行计税，需缴纳相应的税额。

（3）应交税金是指应纳税额乘以税率（按照规则规定的税率和取整方式计算）。

（4）净利润是指税前利润扣除应交税金的数额（利润表中最后一项）。

（5）所有者权益，简称权益，是指股东资本加上净利润。而税收的计算主要是指应交税金的计算。关于应交金税的计算，实际上最关键的是应纳税额的计算。

举例说明：

（1）假设第一年权益为420万元，净利润为-180万元，即亏损180万元。第二年税前利润为181万元，则应纳税额为1万元（181-180=1，弥补亏损），应交税金为0.25万元，四舍五入后应交税金为零。如果第三年税前利润为5万元，那么应纳税额为6万元（5+1=6），应交税金是1.5万元，四舍五入后实交税金为2万元。而如果第三年税前利润为4万元，那么应纳税额为5万元（4+1=5），应交税金是1.25万元，四舍五入后实交税金为1万元。实交税金大于零，应纳税额5万元中由于税金四舍五入后有1万元没有交税，这属于合法避税。

（2）假设第一年权益为420万元，第二年税前利润为185万元，则应纳税额为5万元（185-180=5），应交税金为1.25万元，实交1万元，并且（剩下的）1万元不需要累计到下一年。

（3）假设第一年权益为420万元，第二年税前利润为181万元，则无需交税。第三年税前利润是-40万元，则权益为561万元，不需要交税。第四年税前利润为41万元，这时第一年亏损的180万元已经弥补过，不能重复弥补，因此只能弥补40万元，那么应纳税额为1万元，但是前面第二年还有累计的1万元，因此应纳税额为1万元。

（4）假设第一年权益为420万元，第二年税前利润为185万元，实交税1万元。第三年税前利润是-40万元，则权益为564万元，不需要交税。第四年税前利润41万元，这时候，第一年亏损的180万元已经弥补过，不能重复弥补，因此只能弥补40万元，那么应纳税额为1万元，无需交税，但是这个1万元会累计到次年。

（5）假设第一年权益为420万元，第二年税前利润为185万元，实交税1万元。第三年税前利润是-40万元，则权益为564万元，不需要交税。第四年税前利润81万元，这时第一年亏损的180万元已经弥补过，不能重复弥补，因此只能弥补40万元，那么应纳税额为41万元，交税10万元（无须累计1万元），权益为635万元。第五年税前利润是-20万元，权益为615万元，不需要交税。第六年税前利润为21万元，那么第六年可以弥补的只有20万元，应纳税额为1万元，无需交税，但是这个1万元会累计到次年（如果有第七年的话）。

二、财务总监工作流程记录表

报表记录操作流程如下：

1. 年初现金余额

财务总监根据上季度末的现金余额填写本季度初的现金余额。第一季度现金账面余额的计算公式：

年初现金余额＝上年末库存现金－支付的本年广告费－支付上年应交的税金＋其他收到的现金

2. 更新短期贷款/还本付息/申请短期贷款

操作要点如下：

● 更新短期贷款。将短期借款往现金库方向推进一格，表示短期贷款离还款时间更接近。如果短期借款已经推进现金库，则表示该贷款到期，应还本付息。

● 还本付息。财务总监从现金库中拿出利息放在沙盘"综合费用"的"利息"处；拿出相当于应归还借款本金的现金到交易处偿还短期借款。

● 申请短期贷款。如果企业需要借入短期借款，则财务总监填写"公司贷款申请表"到交易处借款。短期借款借入后，放置一个空桶在短期借款的第四账期处，在空桶内放置一张借入该短期借款信息的纸条，并将现金放在现金库中。

● 记录。在"公司贷款登记表"上登记归还的本金金额，在任务清单对应的方格内记录偿还的本金、支付利息的现金减少数，登记借入短期借款增加的现金数。

3. 更新应付款/归还应付款

企业如果采用赊购方式购买原材料，就涉及应付款。如果应付款到期，必须支付货款。企业应在每个季度对应付款进行更新。

操作要点如下：

● 更新应付款。将应付款向现金库方向推进一格，当应付款到达现金库时，表示应付款到期，必须用现金偿还，不能延期。

● 归还应付款。从现金库中取出现金付清应付款。

● 记录。在任务清单对应的方格内登记现金的减少数。

4. 原材料入库/更新原料订单

操作要点如下：

- 付材料款。从现金库中拿出购买原材料需要的现金交给采购总监。
- 记录。在运营任务清单对应的方格内填上现金的减少数。

5. 投资新生产线

操作要点如下：

- 支付生产线建设费。从现金库取出现金交给生产总监用于生产线的投资。
- 记录。在运营任务清单对应的方格内填上现金的减少数。

6. 变卖生产线

操作要点如下：

- 收现金。将变卖生产线收到的现金放在现金库。
- 记录。在运营任务清单对应的方格内记录现金的增加数。

7. 生产线转产

操作要点如下：

- 支付转产费。如果转产需要转产费，将现金交给生产总监。
- 记录。在运营任务清单对应的方格内登记支付转产费而导致的现金减少数。

8. 向其他企业购买原材料/出售原材料

操作要点如下：

- 付款。将购买材料需要的现金交给采购总监。
- 记录。将购买原材料支付的现金数记录在任务清单对应的方格内。

9. 向其他企业出售原材料

操作要点如下：

- 收现金。将出售材料收到的现金放进现金库。
- 交易收益的处理。如果出售原材料收到的现金超过购进原材料的成本，表示企业取得了交易收益，财务总监应当将该收益记录在利润表的“其他收入/支出”栏（为正数）。
- 记录。将出售原材料收到的现金数记录在任务清单对应的方格内。

10. 开始下一批生产

企业如果有闲置的生产线，尽量安排生产。因为闲置的生产线仍然需要支付设备维护费、计提折旧，企业只有生产产品，并将这些产品销售出去，这些固定费用才能得到弥补。

操作要点如下：

- 支付现金。审核生产总监提出的产品加工费申请后，将现金交给生产总监。
- 记录。在任务清单对应的方格内登记现金的减少数。

11. 更新应收款/应收款收现

沙盘企业中，企业销售产品一般收到的是"欠条"——应收款。每个季度，企业应将应收款向现金库方向推进一格，表示应收款账期的减少。当应收款被推进现金库时，表示应收款到期，企业应持应收款凭条到交易处领取现金。

操作要点如下：

- 更新应收款。将应收款往现金库方向推进一格。当应收款推进现金库时，表示应收款到期。
- 应收款收现。如果应收款到期，持"应收账款登记表"、任务清单和应收款凭条到交易处领回相应现金。
- 记录。在运营任务清单对应的方格内登记应收款到期收到的现金数。

12. 出售厂房

企业如果需要筹集资金，可以出售厂房。厂房按原值出售。出售厂房当期不能收到现金，只能收到一张 4 账期的应收款凭条。如果没有厂房，当期必须支付租金。

操作要点如下：

- 收到应收款凭条。将收到的应收款凭条放置在沙盘应收款的 4Q 处。
- 记录。在"应收账款登记表"上登记收到的应收款金额和账期，在任务清单对应的方格内打"√"。

13. 向其他企业购买产品

操作要点如下：

- 付款。根据营销总监的申请，经审核后，支付购买材料需要的现金。
- 记录。将购买产品支付的现金数记录在运营任务清单对应的方格内。

14. 向其他企业出售产品

操作要点如下：

- 收到现金。将出售产品收到的现金放进现金库。
- 出售收益的处理。如果出售产品多收到了现金，即组间交易出售产品价格高于购进产品的成本，表示企业取得了交易收益，应当在编制利润表时将该收益记录在利润表的"其他收入/支出"栏（为正数）。

- 记录。将出售产品收到的现金数记录在任务清单对应的方格内。

15. 按订单交货

企业只有将产品销售出去才能实现收入，也才能收回垫支的成本。产品生产出来后，企业应按销售订单交货。

操作要点如下：

- 收到销货款。如果销售取得的是应收款凭条，则将凭条放在应收款相应的账期处；如果取得的是现金，则将现金放进现金库。
- 记录。如果销售产品收到的是应收款凭条，在"应收账款登记表"上登记应收款的金额；如果收到现金，在任务清单对应的方格内登记现金的增加数。

16. 企业要研发新产品，必须投入研发费用。每季度的研发费用在季末一次性支付。当新产品研发完成，企业在下一季度可以投入生产。

操作要点如下：

- 支付研发费。根据营销总监提出的申请，经审核后，用现金支付。
- 记录。如果支付了研发费，则在运营任务清单对应的方格内登记现金的减少数。

17. 支付行政管理费

企业在生产经营过程中会发生诸如办公费、人员工资等管理费用。沙盘企业中，行政管理费在每季度末一次性支付1万元，无论企业经营情况好坏、业务量多少，都是固定不变的，这是与实际工作的差异之处。

操作要点如下：

- 支付管理费。每季度从现金库中取出1万元现金放置在综合费用的"管理费"处。
- 记录。在任务清单对应的方格内登记现金的减少数。

18. 其他现金收支情况登记

企业在经营过程中可能会发生除上述外的其他现金收入或支出，企业应对这些现金收入或支出进行记录。

操作要点如下：

企业如果有其他现金增加和减少的情况，则在运营任务清单对应的方格内登记现金的增加或减少数。

19. 支付利息/更新长期贷款/申请长期贷款

企业为了发展，可能需要借入长期贷款。长期贷款主要是用于长期资产投资，比如购买生产线、产品研发等。沙盘企业中，长期贷款只能在每年年末进行，贷款期限在一年以上，每年年末付息一次，到期还本。本年借入的长期借款下年末支付利息。

操作要点如下：

• 支付利息。根据企业已经借入的长期贷款计算本年应支付的利息，之后，从现金库中取出相应的利息放置在综合费用的"利息"处。

• 更新长期贷款。将长期贷款往现金库推进一格，表示偿还期的缩短。如果长期贷款已经被推至现金库中，表示长期贷款到期，应持相应的现金和"贷款登记表"到交易处归还该借款。

• 申请长期贷款。持上年报表和"贷款申请表"到交易处，交易处审核后发放贷款。收到贷款后，将现金放进现金库中；同时，放一个空桶在长期贷款对应的账期处，空桶内写一张注明贷款金额、账期和贷款时间的长期贷款凭条。如果长期贷款续贷，财务总监持上年报表和"贷款申请表"到交易处办理续贷手续。之后，同样放一个空桶在长期贷款对应的账期处，空桶内写一张注明贷款金额、账期和贷款时间的凭条。

• 记录。在任务清单对应的方格内登记因支付利息、归还本金导致的现金减少数，以及借入长期贷款增加的现金数。

20. 支付设备维护费

设备使用过程中会发生磨损，要保证设备正常运转，就需要进行维护。设备维护会发生诸如材料费、人工费等维护费用。沙盘企业中，只有生产线需要支付维护费。年末，只要有生产线，无论是否生产，都应支付维护费。尚未安装完工的生产线不支付维护费。设备维护费每年年末用现金一次性集中支付。

操作要点如下：

• 支付维护费。根据期末现有完工的生产线支付设备维护费。支付设备维护费时，从现金库中取出现金放在综合费用的"维护费"处。

- 记录。在任务清单对应的方格内登记现金的减少数。

21. 支付租金/购买厂房

企业要生产产品，必须要有厂房。厂房可以购买，也可以租用。年末，企业如果在使用不是购买的厂房，则必须支付租金；如果不支付租金，则必须购买。

操作要点如下：

- 支付租金。从现金库中取出现金放在综合费用的"租金"处。
- 购买厂房。从现金库中取出购买厂房的现金放在厂房的"价值"处。
- 记录。在任务清单对应的方格内登记支付租金或购买厂房减少的现金数。

22. 计提折旧

固定资产在使用过程中会发生损耗，导致价值降低，应对固定资产计提折旧。沙盘企业中，固定资产计提折旧的时间、范围和方法可以与实际工作一致，也可以采用简化的方法。本教材沙盘规则采用了简化的处理方法，与实际工作有一些差异。这些差异主要表现在：折旧在每年年末计提一次，计提折旧的范围仅仅限于生产线，折旧的方法采用直线法取整计算。在会计处理上，折旧费全部作为当期的期间费用，没有计入产品成本。

操作要点如下：

- 计提折旧。根据规则对生产线计提折旧。本书采用的折旧规则是按生产线净值的三分之一向下取整计算。比如，生产线的净值为10，折旧为3；净值8，折旧为2。计提折旧时，根据计算的折旧额从生产线的"价值"处取出相应的金额放置在综合费用旁的"折旧"处。
- 记录。在运营任务清单对应的方格内登记折旧的金额。注意，在计算现金支出时，折旧不能计算在内，因为折旧并没有减少现金。

23. 新市场开拓/ISO资格认证投资

企业要扩大产品的销路必须开发新市场。不同的市场开拓所需要的时间和费用是不同的。同时，有的市场对产品有ISO资格认证要求，企业需要进行ISO资格认证投资。沙盘企业中，每年开拓市场和ISO资格认证的费用在年末一次性支付，计入当期的综合费用。

操作要点如下：

- 支付费用。根据营销总监的申请，经审核后，将市场开拓和ISO资格认证所需要的现金支付给营销总监。

- 记录。在任务清单对应的方格内记录现金的减少数。

24. 结账

一年经营结束，年终要进行一次"盘点"，编制"综合费用明细表""资产负债表"和"利润表"。一经结账后，本年度的经营也就结束了，本年度所有的经营数据不能随意更改。结账后，在运营任务清单对应的方格内打"√"。

操作要点如下：

营销总监的"产品核算统计表"交给财务总监后，财务总监根据"产品核算统计表"中汇总的数据，登记利润表中的"销售收入""直接成本"和"毛利"栏。最终根据一年的全部操作流程，填制综合费用明细表（见表5-13）、利润表（见表5-14）、资产负债表（见表5-15）。

表5-13　　　　　　　　　　　综合费用明细表　　　　　　　　单位：百万元

项目	金额	备注
管理费		
广告费		
保养费		
租金		
转产费		
市场准入开拓		□区域　□国内　□亚洲　□国际
ISO 资格认证		□ISO 9000　　□ISO 14000
产品研发		P2（　）　P3（　）　P4（　）
其他		
合计		

表5-14　　　　　　　　　　　　　利润表

项目	上年数	本年数
销售收入		
直接成本		
毛利		
综合费用		
折旧前利润		
折旧		

续表

项目	上年数	本年数
支付利息前利润		
财务收入／支出		
其他收入／支出		
税前利润		
所得税		
净利润		

表 5 - 15　　　　　　　　　　　　资产负债表

资产	期初数	期末数	负债和所有者权益	期初数	期末数
流动资产			**负债**		
现金			长期负债		
应收款			短期负债		
在制品			应付账款		
成品			应交税金		
原料			一年内到期的长期负债		
流动资产合计			负债合计		
固定资产			**所有者权益**		
土地和建筑			股东资本		
机器与设备			利润留存		
在建工程			年度净利		
固定资产合计			所有者权益合计		
资产总计			负债和所有者权益总计		

第六章

企业经营结果分析

第一节 杜邦财务分析体系

一、杜邦分析法简介

杜邦分析法又称杜邦财务分析体系，简称杜邦体系，是利用各主要财务比率指标间的内在联系，对企业财务状况及经济效益进行综合系统分析评价的方法。该体系是以净资产收益率为起点，以总资产净利率和权益乘数为核心，重点揭示企业获利能力及权益乘数对净资产收益率的影响，以及各相关指标间的相互影响作用关系。因其最初由美国杜邦企业成功应用，故得名。

杜邦分析法将净资产收益率（权益净利率）进行分解，如图 6-1 所示。

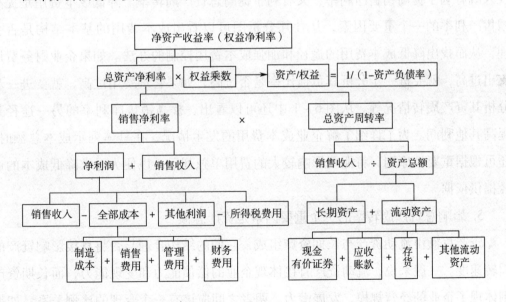

注：（1）销售净利率即营业净利率，销售收入即营业收入，销售费用即营业费用。

（2）图中有关资产、负债与权益指标通常用平均值计算。

图 6-1 杜邦分析体系

其分析关系式为

净资产收益率 = 销售净利率 × 总资产周转率 × 权益乘数

运用杜邦分析法需要抓住以下几点：

1. 净资产收益率是一个综合性最强的财务分析指标，是杜邦分析体系的起点

财务管理的目标之一是使股东财富最大化，净资产收益率反映了企业所有者投入资本的获利能力，说明了企业筹资、投资、资产营运等各项财务及其管理活动的效率，而不断提高净资产收益率是使所有者权益最大化的基本保证。所以，这一财务分析指标是企业所有者、经营者都十分关心的。而净资产收益率高低的决定因素主要有三个，即销售净利率、总资产周转率和权益乘数。这样，在进行分解之后，就可以将净资产收益率这一综合性指标升降变化的原因具体化，从而它比只用一项综合性指标更能说明问题。

2. 销售净利率反映了企业净利润与销售收入的关系，它的高低取决于销售收入与成本总额的高低

要想提高销售净利率，一是要扩大销售收入，二是要降低成本费用。扩大销售收入既有利于提高销售净利率，又有利于提高总资产周转率。降低成本费用是提高销售净利率的一个重要因素，从杜邦分析图可以看出成本费用的基本结构是否合理，从而找出降低成本费用的途径和加强成本费用控制的办法。如果企业财务费用支出过高，就要进一步分析其负债比率是否过高；如果管理费用过高，就要进一步分析其资产周转情况等。从图 6 - 1 中还可以看出，提高销售净利率的另一途径是提高其他利润。为了详细了解企业成本费用的发生情况，在具体列示成本总额时，还可根据重要性原则，将那些影响较大的费用单独列示，以便为寻求降低成本的途径提供依据。

3. 影响总资产周转率的一个重要因素是资产总额

资产总额由流动资产与长期资产组成，它们的结构合理与否将直接影响资产的周转速度。一般来说，流动资产直接体现企业的偿债能力和变现能力，而长期资产则体现了企业的经营规模、发展潜力。两者之间应该有一个合理的比例关系。如果发现某项资产比重过大，影响资金周转，就应深入分析其原因，例如企业持有的货币资金超过业务需要，就会影响企业的盈利能力；如果企业占有过多的存货和应收账款，则既会影响获利能力，又会影响偿债能力。因此，还应进一步分析各项资产的占用数额和周转速度。

4. 权益乘数主要受资产负债率指标的影响

资产负债率越高，权益乘数就越高，说明企业的负债程度比较高，给企业带来了较多的杠杆利益，同时也带来了较大的风险。

【例6-1】　某企业有关财务数据如表6-1所示。分析该企业净资产收益率变化的原因（见表6-2）。

表6-1　　　　　　　　　　　　　基本财务数据　　　　　　　　　　　　单位：万元

年度	净利润	销售收入	平均资产总额	平均负债总额	全部成本	制造成本	销售费用	管理费用	财务费用
20×7	10284.04	411224.01	306222.94	205677.07	403967.43	373534.53	10203.05	18667.77	1562.08
20×8	12653.92	757613.81	330580.21	215659.54	736747.24	684261.91	21740.96	25718.20	5026.17

表6-2　　　　　　　　　　　　　财务比率

年度	20×7	20×8
净资产收益率（%）	10.22	11
权益乘数	3.05	2.88
资产负债率（%）	67.2	65.2
总资产净利率（%）	3.35	3.82
销售净利率（%）	2.5	1.67
总资产周转率（次）	1.34	2.29

（1）对净资产收益率的分析。该企业的净资产收益率在20×7年至20×8年间出现了一定程度的好转，从20×7年的10.22%增加至20×8年的11%。企业的投资者在很大程度上依据这个指标来判断是否投资或是否转让股份，考察经营者业绩和决定股利分配政策。这些指标对企业的管理者也至关重要。

净资产收益率 = 权益乘数 × 总资产净利率

20×7年　　　10.22% = 3.05 × 3.35%

20×8年　　　11% = 2.88 × 3.82%

通过分解可以明显地看出，该企业净资产收益率的变动在于资本结构（权益乘数）变动和资产利用效果（总资产净利率）变动两方面共同作用的结果，而该企业的总资产净利率太低，显示出很差的资产利用效果。

（2）对总资产净利率的分析。

$$总资产净利率 = 销售净利率 \times 总资产周转率$$

20×7 年　　3.35% = 2.5% × 1.34

20×8 年　　3.82% = 1.67% × 2.29

通过分解可以看出 20×8 年该企业的总资产周转率有所提高，说明资产的利用得到了比较好的控制，显示出比前一年较好的效果，表明该企业利用其总资产产生销售收入的效率在增加。总资产周转率提高的同时销售净利率的减少阻碍了总资产净利率的增加。

（3）对销售净利率的分析。

$$销售净利率 = \frac{净利润}{销售收入}$$

20×7 年　　2.5% = 10284.04 ÷ 411224.01

20×8 年　　1.67% = 12653.92 ÷ 757613.81

该企业 20×8 年大幅度提高了销售收入，但是净利润的提高幅度却很小，分析其原因是成本费用增多，从表6-1可知：全部成本从 20×7 年的 403967.43 万元增加到 20×8 年的 736747.24 万元，与销售收入的增加幅度大致相当。

（4）对全部成本的分析。

$$全部成本 = 制造成本 + 销售费用 + 管理费用 + 财务费用$$

20×7 年　　403967.43 = 373534.53 + 10203.05 + 18667.77 + 1562.08

20×8 年　　736747.24 = 684261.91 + 21740.96 + 25718.20 + 5026.17

本例中，导致该企业净资产收益率小的主要原因是全部成本过大。也正是因为全部成本的大幅度提高导致了净利润提高幅度不大，而销售收入大幅度增加，就引起了销售净利率的降低，显示出该企业销售盈利能力的降低。资产净利率的提高应当归功于总资产周转率的提高，销售净利率的减少却起到了阻碍的作用。

（5）对权益乘数的分析。

$$权益乘数 = \frac{资产总额}{权益总额}$$

20×7 年　　$3.05 = \frac{306222.94}{306222.94 - 205677.07}$

20×8 年　　$2.88 = \frac{330580.21}{330580.21 - 215659.54}$

该企业下降的权益乘数，说明企业的资本结构在20×7年至20×8年发生了变动，20×8年的权益乘数较20×7年有所减小。权益乘数越小，企业负债程度越低，偿还债务能力越强，财务风险有所降低。这个指标同时也反映了财务杠杆对利润水平的影响。该企业的权益乘数一直处于2~5之间，也即负债率在50%~80%之间，属于激进战略型企业。管理者应该准确把握企业所处的环境，准确预测利润，合理控制负债带来的风险。

（6）结论。对于该企业，最为重要的是要努力降低各项成本，在控制成本上下功夫，同时要保持较高的总资产周转率。这样，可以使销售净利率得到提高，进而使总资产净利率有大的提高。

二、杜邦分析法在ERP沙盘模拟操作中的应用

在ERP沙盘模拟演练中，各模拟企业可以根据自身经营实际，将杜邦金字塔展开以计算其资产回报率（如图6-2所示）。资产回报率反映了企业投资的回报能力。在此，比较所得结果与投入资产中的资本量。在资产负债表中列出的资产，就

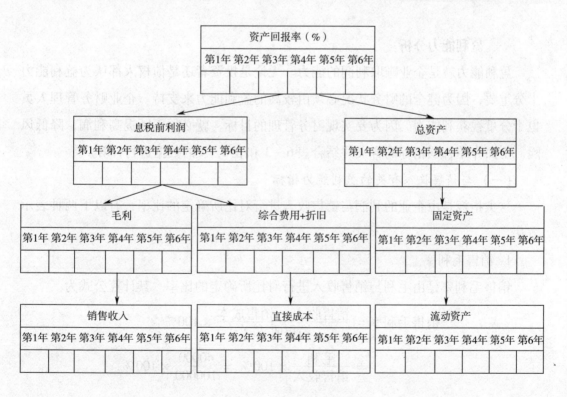

图6-2 资产回报率

是在财务年度末企业所拥有的价值。除非这一项资产因为各种原因偏离了正常企业所申报的资产，它反映了为了经营企业所需要的资金投入。

这项比率是投资者最感兴趣的，它反映了投资回报的能力。作为投资企业的另一种理论上的选择，我们设想将企业所拥有的资产变现，将所得资金投资在诸如股票、证券上。正因为企业经营中有相当的风险，因此必须要求各模拟企业以比较安全的投资方式进行投资，使得投资回报较高。具体的"风险溢价"是讨论的主题。如果投资在债券上的回报率达到每年 8%，那么资产回报率可能定在每年 12% 和 16% 之间。然而在现实生活中存在着企业资产回报抵不上其他相对更安全的投资回报。

为进行杜邦分析，请记住往年的数据。针对一年的数据一次性完成，这样会容易些。

第二节　五力分析模型

一、盈利能力分析

盈利能力就是企业赚取利润的能力。无论是投资者还是债权人都认为盈利能力十分重要，因为健全的财务状况必须由较高的盈利能力来支持。企业财务管理人员也十分重视获利能力，因为要实现财务管理的目标，就必须不断提高利润，降低风险。下面介绍各项指标的含义并结合表 6-3 和表 6-4 的数据进行计算。

（一）与销售收入有关的盈利能力指标

这类指标是由企业的利润与销售收入进行对比所确定的比率，有以下两种表示方法。

1. 销售毛利率

销售毛利率是由毛利与销售收入进行对比所确定的比率。其计算公式为

$$销售毛利率 = \frac{销售收入 - 销售成本}{销售收入} \times 100\%$$

$$= \frac{毛利}{销售收入} \times 100\% = \frac{40000}{100000} \times 100\%$$

$$= 40\%$$

表 6 - 3　　　　　　　　　　KK 公司 2016 年度资产负债表　　　　　　单位：千元

资产	负债与所有者权益
流动资产	**流动负债**
现金 4000	应付票据 10000
有价证券 2000	应付账款 6000
应收账款 15000	应付费用 2000
存货 17000	流动负债合计 18000
流动资产合计 38000	
长期投资	长期负债
股票投资 1000	应付债券 6000
债券投资 1000	长期借款 4000
长期投资合计 2000	长期负债合计 10000
固定资产	**股东权益**
固定资产原值 12000	实收资本 10000 *
减：固定资产折旧 2000	保留盈余 12000
固定资产净值 10000	股东权益合计 22000
资产总计 50000	负债与所有者权益总计 50000

注：* 为企业注册资本，每股面值 5 元，共计 2000 千股。

表 6 - 4　　　　　　　　　KK 公司收益表（2016 年 12 月）　　　　　单位：千元

销售收入 100000
减：销售成本 60000
毛利 40000
减：销售及管理费用 20000
息税前利润 20000
减：利息 5000
税前利润 15000
减：所得税 6000
税后净利 9000
减：普通股股利 3600
保留盈余 5400

　　销售毛利率反映了毛利与销售收入的对比关系，是反映获利能力的主要指标。这一指标越高，说明企业盈利能力越强。

2. 销售净利率

销售净利率是净利和销售收入进行对比所确定的比率。其计算公式为

$$销售净利率 = \frac{税后净利}{销售收入} \times 100\%$$

$$= 9000/100000 \times 100\% = 9\%$$

也有人认为，计算销售净利率时应在税后净利中加上利息费用。因为利息费用是属于使用借入资金所付出的代价，实际上是企业总收益的一部分。

销售净利率反映了净利和销售收入之间的对比关系，这一指标越高，说明盈利能力越强。

（二）与资金有关的盈利能力指标

这类指标是由企业的利润与一定的资金进行对比所确定的比率，主要有以下几个指标。

1. 投资报酬率

投资报酬率又称资产报酬率，是企业税后净利同全部资产净值的比率。其计算公式为

$$投资报酬率 = \frac{税后净利}{资产总额（净值）} \times 100\%$$

$$= 9000/50000 \times 100\% = 18\%$$

投资报酬率反映的是企业投入的全部资金的盈利能力，是财务管理中的一个重要指标，也是总公司对分公司下达经营目标、进行内部考核的主要指标。这一指标越高，说明企业盈利能力越强。

2. 所有者权益报酬率

所有者权益报酬率又称自有资金报酬率、股东权益报酬率、权益资本报酬率，是税后净利与企业所有者权益进行对比所确定的比率。其计算公式为

$$所有者权益报酬率 = \frac{税后净利}{所有者权益总额} \times 100\%$$

$$= 9000/22000 \times 100\% = 41\%$$

这一指标反映了所有者投入的资金获得盈利的能力。该指标越高，说明盈利能力越强。

3. 资本金报酬率

资本金报酬率又称资本金利润率，是企业税后利润同企业资本金总额进行对比所确定的比率。资本金是企业在工商行政管理部门登记的注册资本。如果注册资本和实收资本一致，则资本金总额可用企业财务报表上的投入资本来表示。资本金报酬率的计算公式为

$$资本金利润率 = \frac{税后利润}{资本金总额} \times 100\%$$

$$= 9000/10000 \times 100\% = 90\%$$

资本金利润率反映的是投资者原始投资所取得的盈利情况，此指标越高，说明盈利能力越强。

（三）与股票数量或股票价格有关的盈利能力指标

这类指标是由企业的利润与股票数量或股票价格进行对比所确定的比率，主要有以下几种指标。

1. 普通股每股盈余

普通股每股盈余简称为每股盈余或每股利润，是由企业的税后净利扣除优先股股利后的余额与公司普通股总数进行对比所确定的比率。其计算公式为

$$每股盈余 = \frac{税后净利 - 优先股股利}{公司普通股总数}$$

$$= (9000 - 0)/2000 = 4.5$$

这是一个非常重要的财务指标，这一指标的高低，对股票价格会产生重大影响。

2. 普通股每股股利

普通股每股股利简称每股股利，它反映每股普通股获得现金股利的情况。其计算公式为

$$每股股利 = \frac{支付给普通股的现金股利}{公司普通股股数}$$

$$= 36000/2000 = 1.8$$

这说明 KK 公司每股股利为 1.8 元，这是评价普通股报酬情况的一个重要指标。

3. 市盈率

市盈率又称价格盈余比率，是普通股每股市价与普通股每股盈余进行对比所确定的比率。其基本公式为

$$市盈率 = \frac{普通股每股股价}{普通股每股盈余}$$

假设 KK 公司的股票每股市价为 63 元，则其市盈率为

$$市盈率 = 63/4.5 = 14$$

公司财务人员和外部投资人对这一比率都很关心。公司财务人员在作出财务决策之前要很好地考虑其财务决策对这一比率的影响。投资人在投资之前，都对不同股票的市盈率进行对比，然后才决定投资于何种股票。

二、成长能力分析

成长能力表示企业是否具有成长的潜力，即持续盈利能力。

成长能力指标由三个反映企业经营成果增长变化的指标组成，分别是销售收入成长率、利润成长率和净资产成长率。

（一）销售收入成长率

这是衡量主营业务收入增长的比率指标，以衡量经营业绩的提高程度，指标值越高越好。其计算公式为：销售收入成长率 =（本期销售收入 − 上期销售收入）/上期销售收入

（二）利润成长率

利润成长率是本期主营业务利润减去上期主营业务利润之差再除以上期主营业务利润的比值。这是衡量利润增长的比率指标，以衡量经营效果的提高程度，该指标越高越好。其计算公式为

$$利润成长率 = \frac{[本期（利息前）利润 − 上期（利息前）利润]}{上期（利息前）利润}$$

一般来说，主营业务利润稳定增长且占利润总额的比例呈增长趋势的公司正处于成长期。一些公司尽管年度内利润总额有较大幅度的增加，但主营业务利润却未相应增加，甚至大幅下降，这样的公司质量不高，投资这样的公司尤其需要警惕。这里可能存在着巨大风险，也可能存在资产管理成本过高的问题。

（三）净资产成长率

这是衡量净资产增长的比率指标，以衡量股东权益提高的程度。对于投资者来

说，这个指标是非常重要的，它反映了净资产的增长速度。其计算公式为

$$净资产成长率 = \frac{(本期净资产 - 上期净资产)}{上期净资产}$$

三、安定能力分析

这是衡量企业财务状况是否稳定，会不会出现财务危机的信息体系，该体系由三个指标构成，分别是流动比率、速动比率、资产负债率。

（一）流动比率

流动比率是流动资产与流动负债进行对比所确定的比率。流动资产是指在一年或长于一年的一个营业周期内可变现或运用的资产，主要包括现金、短期投资、应收及预付款项和存货。流动负债是指在一年内或长于一年的一个营业周期内偿还的债务，主要包括短期借款、应付及预收款、应付票据、应交税金、应交利润、应付股利以及短期内到期的长期负债。其计算公式为

$$流动比率 = \frac{流动资产}{流动负债} = \frac{38000}{18000} = 2.11$$

流动资产是短期内能变成现金的资产，而流动负债则是在短期内需要用现金来偿付的各种债务，流动资产与流动负债对比，说明的是能在短期内转化成现金的资产对需要在短期内偿还的负债的一种保障程度，能比较好地反映企业的短期偿债能力。通常认为，流动比率为2比较合适。

（二）速动比率

速动比率是由速动资产和流动负债对比所确定的比率。速动资产是指能迅速转化为现金的资产，主要包括现金、短期投资、应收及预付款项等，即流动资产减去存货。其计算公式为

$$速动比率 = \frac{速动资产}{流动负债} = \frac{38000}{18000} = 1.17$$

在企业的流动资产中，存货的变现能力最差，所以，当企业流动资产变现时，存货就极可能发生损失，用流动比率来反映偿债能力有时会出现失误。而速动比率由于在计算时不包含存货因素，所以比流动比率能更好地反映企业的短期偿债能力。习惯上，速动比率等于1时最好。当然，还要结合行业和企业的具体情况。

（三）资产负债率

资产负债率又称负债比率或负债对资产的比率，是企业的负债总额与资产总额

进行对比所确定的比率。企业的资产总额也就是企业的全部资金总额。其计算公式为

$$资产负债率 = \frac{负债总额}{资产总额} = (18000 + 10000)/50000 = 0.56$$

资产负债率反映的是在企业全部资金中有多大的比率是通过借债而筹集的，因此，这一比率能反映资产对负债的保障程度。对债权人来说，最关心的是借出款项的安全程度。如果这一比率很高，说明投资者投入的资本在全部资金中所占比重很小，而借入资金所占比重很大，企业的风险主要由债权人来负担。因此，这个比率越高，说明长期偿债能力越差；反之，这个比率越低，说明偿债能力越好。当然，也并不是说这个比率越低越好。

四、活动能力分析

活动能力是从企业资产的管理能力方面对企业的经营业绩进行评价，主要包括四个比率指标，分别是应收账款周转率、存货周转率、流动资产周转率、固定资产周转率和总资产周转率。

（一）应收账款周转率

应收账款周转率是利用赊销收入净额与应收账款平均占用额进行对比所确定的一个指标，有周转次数和周转天数两种表示方法。其有关计算公式为

$$应收账款周转次数 = \frac{赊销收入净额}{应收账款平均占用额}$$

$$应收账款周转次数 = \frac{360 \, 天}{应收账款周转次数}$$

$$赊销收入净额 = 销售收入 - 现销收入 - (销售退回 + 销售折让 + 销售折扣)$$

$$应收账款平均占用额 = (期初应收账款 + 期末应收账款) \div 2$$

一定时期内应收账款的周转次数越多，说明应收账款周转越快，应收账款的利用效果越好。应收账款周转天数，又称应收账款占用天数、应收账款账龄、应收账款平均收现期，是反映应收账款周转情况的另一个重要指标，周转天数越少，说明应收账款周转越快，利用效果越好。

假设 KK 公司 100000 千元的销售收入中有 80% 是赊销，年初应收账款余额为 17000 千元，则

$$应收账款周转次数 = \frac{100000 \times 80\%}{(15000 + 17000) \div 2} = 5（次）$$

$$应收账款周转天数 = \frac{(15000 + 17000) \div 2 \times 360}{100000 \times 80\%} = 72(天)$$

（二）存货周转率

存货周转率是由销货成本和存货平均占用额进行对比所确定的指标，有存货周转次数和存货周转天数两种表示方法。其计算公式为

$$存货周转次数 = \frac{销货成本}{存货平均占用额}$$

$$存货周转天数 = \frac{360\ 天}{存货周转次数}$$

$$存货平均占用额 = （期初存货数额 + 期末存货数额）\div 2$$

一定时期内存货周转次数越多，说明存货周转越快，存货利用效果越好。而存货周转天数越少，说明存货周转越快，存货利用效果越好。

假设 KK 公司年初存货余额为 13000 千元，其存货周转情况为

$$存货周转次数 = \frac{60000}{(13000 + 17000) \div 2} = 4(次)$$

$$存货周转天数 = \frac{(13000 + 17000) \div 2 \times 360}{60000} = 90(天)$$

（三）流动资产周转率

流动资产周转率是根据销售收入和流动资产平均占用额进行对比所确定的一个比率。有流动资产周转次数和流动资产周转天数两种表示方法。其计算公式为

$$流动资产周转次数 = \frac{销售收入}{流动资产平均占用额}$$

$$流动资产周转天数 = \frac{360\ 天}{流动资产周转次数}$$

$$流动资产平均占用额 = （期初余额 + 期末余额）\div 2$$

一定时期内流动资产周转次数越多，说明流动资产周转得越快，利用效果越好。周转一次所需天数越少，说明流动资产周转越快，利用效果越好。周转一次所需天数越少，则在一定时期内，流动资产周转次数越多。

假设 KK 公司期初流动资产余额为 40000 千元，则其流动资产周转率为

$$流动资产周转次数 = \frac{100000}{(42000 + 38000) \div 2} = 2.5(次)$$

$$流动资产周转天数 = \frac{(42000 + 38000) \div 2 \times 360}{100000} = 14.4(天)$$

（四）固定资产周转率

固定资产周转率是企业的销售收入与固定资产净值总额进行对比所确定的一个比率。其计算公式为

$$固定资产周转率 = \frac{销售收入}{固定资产净值总额} = \frac{100000}{10000} = 10（次）$$

如果 KK 公司所属行业的固定资产平均周转率为 6 次，说明 KK 公司固定资产利用情况很好。这也要结合具体情况进行分析，如果企业生产能力已饱和，要再扩大销售就需对固定资产进行投资，这就要引起财务经理的重视。

（五）总资产周转率

总资产周转率是销售收入与资产总额进行对比所确定的一个比率。其计算公式为

$$总资产周转率 = \frac{销售收入}{资产总额（净值）} = 100000/50000 = 2（次）$$

这说明 KK 公司运用其资产获得了相当于资产 2 倍的销售收入。要判断这个指标是否合理，需要同历史水平及行业平均水平进行对比。

五、生产能力分析

生产能力是衡量人力资源的产出能力的指标，通过计算人均利润、人均销售收入两个指标来衡量。

人均利润 = 当期利润总额 / 当期平均职工人数

= 当期利润总额 /［（期初职工人数 + 期末职工人数）/2］

人均销售收入 = 当期销售净额 / 当期平均职工人数

= 当期销售净额 /［（期初职工人数 + 期末职工人数）/2］

人均利润指标衡量人力投入与利润之间的关系，指标值越大越好；人均销售收入指标衡量人力投入与销售收入之间的关系，指标数值越大越好。总之，生产能力指标旨在说明：企业规模扩大，员工数量增加，增加的这些员工生产是否有效率。

第三节　ERP 沙盘运营相关原理的运用

一、市场营销原理

（一）准确预测市场，合理预计销售订单

实际经营中，企业要准确预测市场需求是非常困难的，而在沙盘企业中，由于

给出了较为准确的市场预测图,企业应当对市场预测图进行充分的分析,分析各个市场上产品的预计销售数量、预计销售单价、有无销售条件的限制等。为了能够准确地进行广告投放,企业应初步预计可能的订单数量。

在进行市场预测时,为了便于了解各个市场的情况,可以制定市场需求预测表,如表6-5所示,把每一年度各种产品在每个市场上的需求总量、销售单价和订单量进行预测汇总,进一步为企业决策提供理论依据,做到有的放矢。

表6-5　　　　　　　　　　　　　市场需求预测表

| 市场 | 第 n 年 | | | |
	产品	预计总需求量	预计单价	预计订单量
	P1			
	P2			
	P3			
	P4			

(二) 通过市场间谍,收集、分析竞争对手市场策略

通过市场间谍的操作,获得竞争对手市场开发情况,如果较多的组投资在同一市场,可以选择避开竞争激烈的市场,选择条件没有那么好的市场投放广告,通过增加销量实现更多利润,对对手的产量进行分析,可以从生产线、产品研发、资金状况等方面着手。同时参考自身的生产能力,如果同一产品积累过多,那么可以考虑集中投放广告,主卖剩余产品,集中投资。

通过对竞争对手的资金状况进行调查,可以分析竞争对手最大可能的广告投放量,有利于企业合理制定广告投放策略。这里在分析对手的资金状况时,包括企业年初的库存现金、应收账款、所有者权益等,因为应收账款可随时贴现,所以不考虑贴现的问题就可能导致分析失误。同时,因为企业需要资金周转,不应该将全部资金投放在广告上,如果这样做,那么下一年在开始运营时就必须筹集资金。而年初筹集资金,根据运作流程一般是先借入短期贷款,要借款就必然要考虑上一年的所有者权益和已有的贷款额度。所以,在分析对手资金情况时,还应考虑对手的所有者权益情况。

(三) 科学制定广告策略

尽可能使广告投入收益最大化。比如,企业准备销售6个P4产品,目前有两个市场,如果预计每个市场的订单为6张,而进入各市场的企业为6家,则企业在

各个市场投放的广告费最好是 10 万～20 万元，这样基本可以保证每个市场可以拿到一张订单。如果投放过多，势必造成浪费。如果有三个市场，则每个市场各投放 10 万元。

所谓最佳的订单，就是将生产的产品全部销售，使每张订单的产品毛利最大，账期最短。要想拿到最佳订单，我们需要注意以下问题。

分析对手广告投放，合理确定产品市场。比如，企业分别在国内、国际、亚洲市场投放了 P1 产品广告。通过分析，发现国际市场只有本企业和另外一家企业在该产品上投放广告，而本企业的投放金额是 20 万元，另一家企业投放 10 万元，这样我们可以推测出国际市场至少有三张订单。说明本企业在国际市场上至少可以拿到两张订单，在这种情况下，企业可以出于价格或其他有利于自己的原因放弃前面某种市场的竞单，而将竞单的机会放在国际市场上，这样企业就有了选择的机会。

配合企业资金预算选单。竞单过程经常面临选择，如两张订单订购数量相同，但账期和总价不同，一张账期较长，但总价较高；另一张账期较短，但总价较低，我们该如何选择呢？一般情况下，如果企业资金比较紧张，就应该选择账期较短、单价较低的订单；相反，如果没有资金问题，就应该选择总价较高的订单。

如果企业有两次以上选单的机会，应分析对手的产量和选单情况。如果本企业可以在本市场拿任意订单都能交单，首先应选择大单，如果所有企业都不能拿最大单，只有本企业可以拿，则企业应选择次大的订单，将最大订单放在最后来选，从而保证本企业的产品销售。

如果某市场某产品有 ISO 条件限制，而只有本企业投放了 ISO 广告，则只有本企业有选择该产品订单的权利。在企业有多次选单机会的情况下，企业应首先选择没有 ISO 条件的产品订单，最后选择有 ISO 条件的产品订单。这样，一方面可以保证本企业产品的销售；另一方面由于对方不能选择 ISO 条件的产品订单，从而一定程度上遏制对手的销售，这也是在合理利用规则打压对手。

二、生产管理原理

（一）生产管理的工作内容

在沙盘实战中，我们将具体接触到产品研发（新产品开发决策、新产品开发周期与生产周期匹配等）、生产计划管理（主生产计划制定、采购计划制定、物料清单的陈列，如何规划调配生产资源保证及时交货）、生产能力计算（企业目前产能的计算、未来产能的预测、新生产线上马后产能的实时监控)、库存管理(原料库存、在制品库存和成品库存的监控)、设备管理(生产线投资、转产、维修和出售等)、质量管理(是否进行 ISO 9000 和 ISO 14000 认证的投资)。

(二)产品研发管理要与生产建设条件相互匹配

与市场开发周期相匹配。产品研发拥有自己的周期,而产品市场开发也有自己的周期,产品开发完毕,需要该产品的市场没有开发完毕,产品出现大量的囤积或者浪费了大量的研制费用对企业来说是很不利的。产品研发和市场开发周期相匹配是研发管理中应注意的问题。

与生产计划相匹配。产品在规定的时间内研发出来,即将投入生产时,必须保证新产品所需要的原料供应。生产计划的制定,特别是原材料采购要满足新产品生产的需要,这是生产总监要注意的另一个问题。产品研发出来之时能够顺利生产,是沙盘生产最完美的衔接。

与生产周期相匹配。产品顺利研发出来后,需要马上上线生产。如果与之配备的生产线不足,则会耽误生产的顺利进行,从而产量的供应保证不了。新产品不能顺利上市,企业不能及时交单,将蒙受重大损失。

与企业资金相匹配。不同产品的研发费用是不同的,需要投入资金也是不同的。一味求新而不考虑企业资金问题将使企业陷入资金短缺的窘境,所以新产品的开发费用是企业相关人员需要考虑的另一个重要问题。

与质量认证投资相匹配。产品研发有周期,质量认证投资也有周期,两者的匹配具有很强的现实意义。这也意味着现代企业更加重视产品质量管理和环境保护等绿色指标,如果在产品研发的同时对 ISO 9000 系列标准和 ISO 14000 系列标准进行投资,表明该企业已经走上了追求质量第一的道路。

(三)生产能力计算公式

生产能力是指一定时间内直接参与企业生产进程的固定资产,在一定的组织技术条件下,所能生产一定种类的产品或加工处理一定原材料数量的最大能力。

沙盘中生产能力是指在整一年的时间里,在一定的固定资产和资金允许的条件下,生产线满负荷生产时产品下线的数量,可以理解为本年最大产量。

在 ERP 沙盘中,生产能力的概念应该用这样一个公式去解析:

ERP 沙盘中生产能力 = 提供产品的最大数量 = 期初成品库存量 + 本年产量 + 组

间交易量

生产能力和提供产品最大数量是两个不同层次的含义。生产能力就是本年产量，而提供产品最大数量包含生产能力。原材料采购上进行物料编制时应用的是本年产量这个含义，为企业销售人员提供参考数据应用的是提供产品最大数量这一概念。

三、物流管理原理

物流中心是 ERP 沙盘按照制造企业的职能部门划分的四个职能中心之一，它由四个原料库（分别用于放置原料 R1/R2/R3/R4）、四个成品库（分别用于存放产成品 P1/P2/P3/P4）、原料订单（代表与供应商签订的订货合同）、产品订单（代表与客户签订的按时交货的商品销售合同，用放在产品订单处的订单卡表示）和在运输（表现为原料 R1 和 R2 的采购提前期为一个季度，原料 R3、R4 的采购提前期为两个季度）五大部分组成。物流中心主要负担着采购管理、库存管理、仓储管理和运输管理等功能。

四、会计学原理

ERP 沙盘模拟对抗中，财务总监作为模拟企业会计机构的负责人，是会计工作的具体领导者和组织者，其主要职责如下：

（一）会计记录和报告

模拟企业在完成经济运行后，会计主管应当根据交易状况对企业的资金运动过程进行有效记录，填制相关会计报表，集中反映企业的资产负债状况和经营结果，并将企业运作结果报告给企业的首席执行官、各职能部门的负责人，为他们的决策提供依据。

（二）现金收支管理

模拟企业运作过程中，采购原材料支出、广告费、各项研发费用、利息费用等会导致现金流出企业，会计主管需要按照各职能部门的要求支付各种费用，并定期核对现金余额。

（三）组织筹集资金，节约使用资金

会计主管应当结合企业的经营预测以及生产、供应、销售、研发、市场开拓等计划，合理组织资金，编制现金预算。同时，根据生产经营发展和节约资金的要求，加强资金的使用管理，提高资金使用效果。

附表 1

现金预算表

现金预算表（第一年）

企业经营流程 请按顺序执行下列各项操作。	每执行完一项操作，CEO 请在相应的方格内打钩。 财务总监（助理）在方格中填写现金收支情况。			
新年度规划会议				
年初库存现金				
支付应付税				
市场广告投入				
支付长贷利息				
申请长期贷款				
季初盘点				
贴现额				
贴现利息				
短期贷款还本付息				
申请短期贷款				
原材料入库/更新原料订单				
购买、租用厂房				
生产线投资				
转产费用				
紧急采购				
开始下一批生产				
收到现金前所有支出				
应收款到期				
产品研发投资				
支付行政管理费				
市场开拓投资				
ISO 资格认证投资				
支付设备维护费				
现金收入合计				
现金支出合计				
期末现金对账（请填余额）				

现金预算表（第二年）

企业经营流程 请按顺序执行下列各项操作。	每执行完一项操作，CEO请在相应的方格内打钩。 财务总监（助理）在方格中填写现金收支情况。			
新年度规划会议				
年初库存现金				
支付应付税				
市场广告投入				
支付长贷利息				
申请长期贷款				
季初盘点				
贴现额				
贴现利息				
短期贷款还本付息				
申请短期贷款				
原材料入库/更新原料订单				
购买、租用厂房				
生产线投资				
转产费用				
紧急采购				
开始下一批生产				
收到现金前所有支出				
应收款到期				
产品研发投资				
支付行政管理费				
市场开拓投资				
ISO资格认证投资				
支付设备维护费				
现金收入合计				
现金支出合计				
期末现金对账（请填余额）				

现金预算表（第三年）

企业经营流程 请按顺序执行下列各项操作。	每执行完一项操作，CEO 请在相应的方格内打钩。 财务总监（助理）在方格中填写现金收支情况。		
新年度规划会议			
年初库存现金			
支付应付税			
市场广告投入			
支付长贷利息			
申请长期贷款			
季初盘点			
贴现额			
贴现利息			
短期贷款还本付息			
申请短期贷款			
原材料入库/更新原料订单			
购买、租用厂房			
生产线投资			
转产费用			
紧急采购			
开始下一批生产			
收到现金前所有支出			
应收款到期			
产品研发投资			
支付行政管理费			
市场开拓投资			
ISO 资格认证投资			
支付设备维护费			
现金收入合计			
现金支出合计			
期末现金对账（请填余额）			

现金预算表（第四年）

企业经营流程 请按顺序执行下列各项操作。		每执行完一项操作，CEO 请在相应的方格内打钩。 财务总监（助理）在方格中填写现金收支情况。		
新年度规划会议				
年初库存现金				
支付应付税				
市场广告投入				
支付长贷利息				
申请长期贷款				
季初盘点				
贴现额				
贴现利息				
短期贷款还本付息				
申请短期贷款				
原材料入库/更新原料订单				
购买、租用厂房				
生产线投资				
转产费用				
紧急采购				
开始下一批生产				
收到现金前所有支出				
应收款到期				
产品研发投资				
支付行政管理费				
市场开拓投资				
ISO 资格认证投资				
支付设备维护费				
现金收入合计				
现金支出合计				
期末现金对账（请填余额）				

170

现金预算表（第五年）

企业经营流程 请按顺序执行下列各项操作。	每执行完一项操作，CEO 请在相应的方格内打钩。 财务总监（助理）在方格中填写现金收支情况。		
新年度规划会议			
年初库存现金			
支付应付税			
市场广告投入			
支付长贷利息			
申请长期贷款			
季初盘点			
贴现额			
贴现利息			
短期贷款还本付息			
申请短期贷款			
原材料入库/更新原料订单			
购买、租用厂房			
生产线投资			
转产费用			
紧急采购			
开始下一批生产			
收到现金前所有支出			
应收款到期			
产品研发投资			
支付行政管理费			
市场开拓投资			
ISO 资格认证投资			
支付设备维护费			
现金收入合计			
现金支出合计			
期末现金对账（请填余额）			

现金预算表（第六年）

企业经营流程 请按顺序执行下列各项操作。	每执行完一项操作，CEO 请在相应的方格内打钩。 财务总监（助理）在方格中填写现金收支情况。			
新年度规划会议				
年初库存现金				
支付应付税				
市场广告投入				
支付长贷利息				
申请长期贷款				
季初盘点				
贴现额				
贴现利息				
短期贷款还本付息				
申请短期贷款				
原材料入库/更新原料订单				
购买、租用厂房				
生产线投资				
转产费用				
紧急采购				
开始下一批生产				
收到现金前所有支出				
应收款到期				
产品研发投资				
支付行政管理费				
市场开拓投资				
ISO 资格认证投资				
支付设备维护费				
现金收入合计				
现金支出合计				
期末现金对账（请填余额）				

附表 2

综合费用表

综合费用表（第一年）

项目	金额	备注
管理费		
广告费		
保养费		
租金		
转产费		
市场准入开拓		□区域 □国内 □亚洲 □国际
ISO 资格认证		□ISO 9000 □ISO 14000
产品研发		P2（ ） P3（ ） P4（ ）
其他		
合计		

综合费用表（第二年）

项目	金额	备注
管理费		
广告费		
保养费		
租金		
转产费		
市场准入开拓		□区域 □国内 □亚洲 □国际
ISO 资格认证		□ISO 9000 □ISO 14000
产品研发		P2（ ） P3（ ） P4（ ）
其他		
合计		

综合费用表（第三年）

项目	金额	备注
管理费		
广告费		
保养费		
租金		
转产费		
市场准入开拓		□区域　□国内　□亚洲　□国际
ISO 资格认证		□ISO 9000　　□ISO 14000
产品研发		P2（　　）　P3（　　）　P4（　　）
其他		
合计		

综合费用表（第四年）

项目	金额	备注
管理费		
广告费		
保养费		
租金		
转产费		
市场准入开拓		□区域　□国内　□亚洲　□国际
ISO 资格认证		□ISO 9000　　□ISO 14000
产品研发		P2（　　）　P3（　　）　P4（　　）
其他		
合计		

综合费用表（第五年）

项目	金额	备注
管理费		
广告费		
保养费		
租金		
转产费		
市场准入开拓		□区域　□国内　□亚洲　□国际
ISO 资格认证		□ISO 9000　　□ISO 14000
产品研发		P2（　　）　P3（　　）　P4（　　）
其他		
合计		

综合费用表（第六年）

项目	金额	备注
管理费		
广告费		
保养费		
租金		
转产费		
市场准入开拓		□区域　□国内　□亚洲　□国际
ISO 资格认证		□ISO 9000　　□ISO 14000
产品研发		P2（　　）　P3（　　）　P4（　　）
其他		
合计		

附表 3

利润表

利润表（第一年）

项目	上年数	本年数
销售收入		
直接成本		
毛利		
综合费用		
折旧前利润		
折旧		
支付利息前利润		
财务收入／支出		
其他收入／支出		
税前利润		
所得税		
净利润		

利润表（第二年）

项目	上年数	本年数
销售收入		
直接成本		
毛利		
综合费用		
折旧前利润		
折旧		
支付利息前利润		
财务收入／支出		
其他收入／支出		
税前利润		
所得税		
净利润		

利润表（第三年）

项目	上年数	本年数
销售收入		
直接成本		
毛利		
综合费用		
折旧前利润		
折旧		
支付利息前利润		
财务收入／支出		
其他收入／支出		
税前利润		
所得税		
净利润		

利润表（第四年）

项目	上年数	本年数
销售收入		
直接成本		
毛利		
综合费用		
折旧前利润		
折旧		
支付利息前利润		
财务收入／支出		
其他收入／支出		
税前利润		
所得税		
净利润		

利润表（第五年）

项目	上年数	本年数
销售收入		
直接成本		
毛利		
综合费用		
折旧前利润		
折旧		
支付利息前利润		
财务收入／支出		
其他收入／支出		
税前利润		
所得税		
净利润		

利润表（第六年）

项目	上年数	本年数
销售收入		
直接成本		
毛利		
综合费用		
折旧前利润		
折旧		
支付利息前利润		
财务收入／支出		
其他收入／支出		
税前利润		
所得税		
净利润		

资产负债表

资产负债表（第一年）

资产	期初数	期末数	负债和所有者权益	期初数	期末数
流动资产			**负债**		
现金			长期负债		
应收款			短期负债		
在制品			应付账款		
成品			应交税金		
原料			一年内到期的长期负债		
流动资产合计			负债合计		
固定资产			**所有者权益**		
土地和建筑			股东资本		
机器与设备			利润留存		
在建工程			年度净利		
固定资产合计			所有者权益合计		
资产总计			负债和所有者权益总计		

资产负债表（第二年）

资产	期初数	期末数	负债和所有者权益	期初数	期末数
流动资产			**负债**		
现金			长期负债		
应收款			短期负债		
在制品			应付账款		
成品			应交税金		
原料			一年内到期的长期负债		
流动资产合计			负债合计		
固定资产			**所有者权益**		
土地和建筑			股东资本		
机器与设备			利润留存		
在建工程			年度净利		
固定资产合计			所有者权益合计		
资产总计			负债和所有者权益总计		

资产负债表（第三年）

资产	期初数	期末数	负债和所有者权益	期初数	期末数
流动资产			**负债**		
现金			长期负债		
应收款			短期负债		
在制品			应付账款		
成品			应交税金		
原料			一年内到期的长期负债		
流动资产合计			负债合计		
固定资产			**所有者权益**		
土地和建筑			股东资本		
机器与设备			利润留存		
在建工程			年度净利		
固定资产合计			所有者权益合计		
资产总计			负债和所有者权益总计		

资产负债表（第四年）

资产	期初数	期末数	负债和所有者权益	期初数	期末数
流动资产			**负债**		
现金			长期负债		
应收款			短期负债		
在制品			应付账款		
成品			应交税金		
原料			一年内到期的长期负债		
流动资产合计			负债合计		
固定资产			**所有者权益**		
土地和建筑			股东资本		
机器与设备			利润留存		
在建工程			年度净利		
固定资产合计			所有者权益合计		
资产总计			负债和所有者权益总计		

资产负债表（第五年）

资产	期初数	期末数	负债和所有者权益	期初数	期末数
流动资产			**负债**		
现金			长期负债		
应收款			短期负债		
在制品			应付账款		
成品			应交税金		
原料			一年内到期的长期负债		
流动资产合计			负债合计		
固定资产			**所有者权益**		
土地和建筑			股东资本		
机器与设备			利润留存		
在建工程			年度净利		
固定资产合计			所有者权益合计		
资产总计			负债和所有者权益总计		

资产负债表（第六年）

资产	期初数	期末数	负债和所有者权益	期初数	期末数
流动资产			**负债**		
现金			长期负债		
应收款			短期负债		
在制品			应付账款		
成品			应交税金		
原料			一年内到期的长期负债		
流动资产合计			负债合计		
固定资产			**所有者权益**		
土地和建筑			股东资本		
机器与设备			利润留存		
在建工程			年度净利		
固定资产合计			所有者权益合计		
资产总计			负债和所有者权益总计		

附表 5

生产采购表

生产采购表（1~3 年）

	生产线	第1年				第2年				第3年			
		第一季度	第二季度	第三季度	第四季度	第一季度	第二季度	第三季度	第四季度	第一季度	第二季度	第三季度	第四季度
1													
2													
3													
4													
5													
6													
7													
8													
9													
10													
合计	原料入库数	R1： R3： R2： R4：	R1： R3： R2： R4：	R1： R3： R2： R4：	R1： R3： R2： R4：	R1： R3： R2： R4：	R1： R3： R2： R4：	R1： R3： R2： R4：	R1： R3： R2： R4：	R1： R3： R2： R4：	R1： R3： R2： R4：	R1： R3： R2： R4：：	R1： R3： R2： R4：

续表

合计	生产线	第 1 年				第 2 年				第 3 年			
		第一季度	第二季度	第三季度	第四季度	第一季度	第二季度	第三季度	第四季度	第一季度	第二季度	第三季度	第四季度
	订购原料数	R1： R3： R2： R4：	R1： R3： R2： R4：	R1： R3： R2： R4：	R1： R3： R2： R4：	R1： R3： R2： R4：	R1： R3： R2： R4：	R1： R3： R2： R4：	R1： R3： R2： R4：	R1： R3： R2： R4：	R1： R3： R2： R4：	R1： R3： R2： R4：	R1： R3： R2： R4：
	当季产品数	P1： P2： P3： P4：	P1： P2： P3： P4：	P1： P2： P3： P4：	P1： P2： P3： P4：	P1： P2： P3： P4：	P1： P2： P3： P4：	P1： P2： P3： P4：	P1： P2： P3： P4：	P1： P2： P3： P4：	P1： P2： P3： P4：	P1： P2： P3： P4：	P1： P2： P3： P4：
	本年产品数	P1：	P2：	P3：	P4：	P1：	P2：	P3：	P4：	P1：	P2：	P3：	P4：
	库存产品数	P1：	P2：	P3：	P4：	P1：	P2：	P3：	P4：	P1：	P2：	P3：	P4：

生产采购表（4~6 年）

	生产线	第 4 年				第 5 年				第 6 年			
		第一季度	第二季度	第三季度	第四季度	第一季度	第二季度	第三季度	第四季度	第一季度	第二季度	第三季度	第四季度
1													
2													
3													
4													
5													
6													
7													

续表

	生产线	第4年				第5年				第6年			
		第一季度	第二季度	第三季度	第四季度	第一季度	第二季度	第三季度	第四季度	第一季度	第二季度	第三季度	第四季度
8													
9													
10													
合计	原料入库数	R1： R3： R2： R4：	R1： R3： R2： R4：	R1： R3： R2： R4：	R1： R3： R2： R4：	R1： R3： R2： R4：	R1： R3： R2： R4：	R1： R3： R2： R4：	R1： R3： R2： R4：	R1： R3： R2： R4：	R1： R3： R2： R4：	R1： R3： R2： R4：：	R1： R3： R2： R4：
	订购原料数	R1： R3： R2： R4：	R1： R3： R2： R4：	R1： R3： R2： R4：	R1： R3： R2： R4：	R1： R3： R2： R4：	R1： R3： R2： R4：	R1： R3： R2： R4：	R1： R3： R2： R4：	R1： R3： R2： R4：	R1： R3： R2： R4：	R1： R3： R2： R4：	R1： R3： R2： R4：
	当季产品数	P1： P2： P3： P4：	P1： P2： P3： P4：	P1： P2： P3： P4：	P1： P2： P3： P4：	P1： P2： P3： P4：	P1： P2： P3： P4：	P1： P2： P3： P4：	P1： P2： P3： P4：	P1： P2： P3： P4：	P1： P2： P3： P4：	P1： P2： P3： P4：	P1： P2： P3： P4：
	本年产品数	P1：	P2：	P3：	P4：	P1：	P2：	P3：	P4：	P1：	P2：	P3：	P4：
	库存产品数	P1：	P2：	P3：	P4：	P1：	P2：	P3：	P4：	P1：	P2：	P3：	P4：

订单登记表

订单登记表（第一年）

订单号								合计
市场								
产品								
数量								
账期								
销售额								
成本								
毛利								
未售								

订单登记表（第二年）

订单号								合计
市场								
产品								
数量								
账期								
销售额								
成本								
毛利								
未售								

订单登记表（第三年）

订单号								合计
市场								
产品								
数量								
账期								
销售额								
成本								
毛利								
未售								

订单登记表（第四年）

订单号										合计
市场										
产品										
数量										
账期										
销售额										
成本										
毛利										
未售										

订单登记表（第五年）

订单号										合计
市场										
产品										
数量										
账期										
销售额										
成本										
毛利										
未售										

订单登记表（第六年）

订单号										合计
市场										
产品										
数量										
账期										
销售额										
成本										
毛利										
未售										

附表 7

产品核算统计表

产品核算统计表（第一年）

	P1	P2	P3	P4	合计
数量					
销售额					
成本					
毛利					

产品核算统计表（第二年）

	P1	P2	P3	P4	合计
数量					
销售额					
成本					
毛利					

产品核算统计表（第三年）

	P1	P2	P3	P4	合计
数量					
销售额					
成本					
毛利					

产品核算统计表（第四年）

	P1	P2	P3	P4	合计
数量					
销售额					
成本					
毛利					

产品核算统计表（第五年）

	P1	P2	P3	P4	合计
数量					
销售额					
成本					
毛利					

产品核算统计表（第六年）

	P1	P2	P3	P4	合计
数量					
销售额					
成本					
毛利